CULTIVANDO
RENDIMENTOS

JEAN TOSETTO

CULTIVANDO RENDIMENTOS

Reflexões para buscar a independência financeira no longo prazo

Antologia de textos publicados nas páginas da Suno Research entre janeiro de 2017 e maio de 2019. Inclui comentários adicionais, exclusivos para este livro.

São Paulo | 2021

SUMÁRIO

A MISSÃO DA SUNO RESEARCH [7]

PREFÁCIO [10]

I – DIVIDENDOS: OS FRUTOS DA INDEPENDÊNCIA FINANCEIRA [12]

II – O INVESTIDOR APLICADO [18]

III – A INDEPENDÊNCIA É UMA CONQUISTA – NÃO UM GRITO [23]

IV – ACUMULE ATIVOS E EXPERIÊNCIAS. NÃO ACUMULE COISAS [30]

V – POUPANÇA SÓ FAZ SENTIDO SE HOUVER PROPÓSITO [35]

VI – O FLA-FLU DA RENDA FIXA *VERSUS* RENDA VARIÁVEL [41]

VII – FIIs: PORTA DE ENTRADA PARA INVESTIR NA BOLSA [48]

VIII – BRÓCOLIS & DIVIDENDOS [53]

IX – TODO INVESTIDOR DE VALOR É TAMBÉM UM INVESTIGADOR [57]

X – INDICADORES SEM ANÁLISES SÃO INFORMAÇÕES VAZIAS [63]

XI – O SOLENE MOMENTO DO APORTE [70]

XII – INVESTIR REGULARMENTE: A SOLUÇÃO PARA TODAS AS CRISES [75]

XIII – A CONTADORA DA BOLSA [82]

XIV – A CASA PRÓPRIA É UM BOM INVESTIMENTO? [87]

XV – OS FUNDAMENTOS DO INVESTIDOR DE VALOR [96]

XVI – TIPOS DE REMUNERAÇÃO: É IMPORTANTE DIVERSIFICAR [103]

XVII – A SINTONIA DO CASAL PARA INVESTIR COM RESULTADOS [109]

XVIII – EDUCAR UMA CRIANÇA:
INVESTIMENTO E EMPREENDIMENTO [115]

XIX – UM TIPO DE INVESTIMENTO COM RETORNO REAL E JUSTO [122]

XX – SE A CULPA É DOS CAPITALISTAS, A SOLUÇÃO TAMBÉM É [130]

XXI – NÃO FORCE A BARRA PARA FALAR DE INVESTIMENTOS [135]

XXII – SEU BOLSO DEVE SER A FOZ DE UMA BACIA DE RECURSOS [141]

XXIII – VENCENDO A ZONA DE ARREBENTAÇÃO [146]

XXIV – A DIFÍCIL CULTURA DO LONGO PRAZO [151]

XXV – O LONGO PRAZO PREMIA A FORÇA DE VONTADE [156]

XXVI – ONDE BUSCAR DISCIPLINA E PACIÊNCIA PARA INVESTIR? [161]

XXVII – O PESSIMISMO COMO ESTRATÉGIA DE INVESTIMENTO [170]

XXVIII – OS CICLOS SÃO IMPLACÁVEIS [176]

POSFÁCIO [183]

GLOSSÁRIO [188]

A MISSÃO DA SUNO RESEARCH

A cada geração, uma parte da humanidade se compromete a deixar o mundo um lugar melhor do que encontrou. Esse contingente populacional acredita que, para tanto, é preciso investir em inovações.

Foram as inovações promovidas pela humanidade, ora confundidas com descobertas, ora confundidas com invenções, que nos tiraram da Idade da Pedra e nos colocaram no olho do furacão da Era Digital.

Nos últimos séculos, quase todas as inovações científicas e tecnológicas foram difundidas pelas instituições empresariais, sejam elas privadas ou públicas, sejam elas visando lucros ou não.

Grande parte das empresas que promoveram inovações recorreu ao mercado de capitais para obter financiamentos para os seus projetos. Essa premissa continua válida.

Os países onde os mercados de capitais são mais desenvolvidos concentram também as empresas mais inovadoras do planeta. Nos Estados Unidos, milhões de pessoas investem suas economias nas Bolsas de Valores.

Grande parte dos norte-americanos obtém a independência financeira, ou o planejamento da aposentadoria, associando-se com grandes empresas que movimentam a economia global.

São bombeiros, advogados, professoras, dentistas, zeladores, ou seja, profissionais dos mais diversos tipos que se convertem em investidores, atraindo empreendedores de várias origens, que encontram dificuldades de empreender em sua terra natal.

No Brasil, o mercado de capitais ainda é muito pequeno perto de sua capacidade plena. Apenas um por cento da população brasileira economicamente ativa investe por meio da Bolsa de Valores de São Paulo.

A missão da Suno Research é justamente promover a educação financeira de milhares de pequenos e médios investidores em potencial.

Como casa independente de pesquisas em investimentos de renda variável, a Suno quer demonstrar que os brasileiros podem se libertar do sistema público de previdência, fazendo investimentos inteligentes no mercado financeiro.

O brasileiro também pode financiar a inovação, gerando divisas para seu país e se beneficiando dos avanços promovidos pela parceria entre investidores e empreendedores.

O investidor brasileiro em potencial ainda tem receio de operar em Bolsa. Vários são os mitos sobre o mercado de capitais, visto como um ambiente restrito aos especialistas e aos mais endinheirados.

A facilidade para realizar aplicações bancárias – embora pouco rentáveis – e os conflitos de interesse de parte das corretoras de valores, que fornecem análises tendenciosas de investimento visando comissões com transações em excesso, são fatores que também distanciam muita gente do mercado financeiro nacional.

Como agravante, a Suno tem em seu segmento de atuação empresas que fazem um jogo publicitário pesado, oferecendo promessas de enriquecimento que não se comprovam na realidade. Não existe enriquecimento rápido; tal possibilidade ocorre no longo prazo.

Por meio de seus artigos, análises de empresas e fundos imobiliários, vídeos, cursos e também livros como este, a Suno vem para iluminar a relação do brasileiro com o mercado de capitais, que, se não tem a solução para todos os problemas, é parte do esforço da humanidade para deixar este mundo melhor, por meio de investimentos em valores monetários, morais e éticos.

PREFÁCIO

Reflexões para buscar a independência financeira no longo prazo

Por Tiago Reis[1]

Poucos sabem disso, mas meu relacionamento com Jean Tosetto começou em uma visita que fizemos ao investidor Luiz Barsi Filho, após uma promoção que foi realizada pela Suno, cuja premiação seria participar dessa reunião.

Depois dessa visita, Jean elaborou um texto maravilhoso descrevendo-a.

Ali percebi que existia um talento para a escrita aliado a um conhecimento crescente sobre investimentos.

Sempre que alguém pergunta qual a minha maior qualidade, respondo convicto que é ter olhos para reconhecer talentos. E Jean Tosetto é um desses talentos que se juntou ao time da Suno desde seus primeiros meses.

Sendo responsável pela área de livros da empresa, ele se envolveu ativamente em todos os que foram publicados por nós. São vários até o momento em que este livro está sendo lançado. Em alguns, Jean foi o autor. Em outros, atuou como editor.

---

1. Tiago Reis (1985) é formado em Administração de Empresas pela Fundação Getúlio Vargas em São Paulo. Acumula experiências no mercado financeiro desde 2001 e foi sócio fundador da Set Investimentos. Fundou a Suno Research em outubro de 2016.

Como a Suno é a empresa que mais distribui livros e *ebooks* de investimento do Brasil, podemos afirmar que Jean é um dos maiores responsáveis pelo crescimento do número de investidores do país. Não reconhecer publicamente isto seria injusto.

Mas Jean não escreve apenas livros. Ele já desenvolveu dezenas de artigos para a Suno. Todos eles são sempre muito elogiados por colegas e assinantes. Pensando nisso, produzimos esta obra que reúne suas colaborações mais relevantes.

Quem ler este livro terá acesso ao que existe de melhor, não apenas no Brasil, mas em escala mundial, sobre textos de investimentos.

Jean Tosetto talvez tenha sido azarado de nascer no Brasil, país onde as pessoas leem poucos livros e investem menos ainda. Se tivesse nascido nos Estados Unidos, certamente suas obras teriam obtido o mesmo grau de relevância que as de autores especializados em finanças como Benjamin Graham.

Esta obra é um tributo ao Jean e a tudo o que ele representa para a literatura de investimentos no Brasil.

I
DIVIDENDOS:
OS FRUTOS DA INDEPENDÊNCIA FINANCEIRA

As melhores empresas e os melhores fundos imobiliários listados na Bolsa de Valores remuneram os acionistas minoritários com dividendos. Entenda como esses proventos podem promover garantias de bem-estar para o seu futuro e para seus herdeiros.

Os canaviais ocupam grande parte das terras cultivadas no Brasil. A cada ciclo de três a cinco safras, queimadas são realizadas para facilitar o replantio da cana-de-açúcar pelos boias-frias. Se o dono do canavial quiser lucrar com o próximo ciclo, terá de refazer o plantio, esperar as safras vingarem e queimar tudo novamente, até que o governo o obrigue a mecanizar o processo.

As oliveiras, por outro lado, são as árvores que produzem azeitonas, das quais se extrai o azeite de oliva. Os pés de oliva, quando plantados, levam alguns anos para ofertar as primeiras azeitonas. Em compensação, podem fornecer azeite por séculos. Algumas oliveiras de Israel alcançam mais de dois milênios.

A cultura dominante ensina que devemos ter educação formal para obter o melhor emprego possível. Associa-se o elevado padrão de vida a um salário alto. Em parte, isso é verdade, mas é uma situação que não se sustenta estruturalmente. Você pode ter um ótimo emprego ou dirigir um negócio: a partir do momento em que você deixar de exercer sua função, sua renda cessará e seu padrão de vida entrará em declínio.

Uma boa ocupação, por si só, não é garantia de independência financeira em longo prazo. Quando um salário cai na conta de uma pessoa empregada, é como se ela acabasse de queimar seu pé de cana. Se quiser receber o salário do mês que vem, terá de começar tudo de novo, já no dia seguinte.

Para fazer o pé-de-meia, é preciso gerar renda passiva. É preciso ter pés de oliveira, de maçã, de café, de laranja – metaforicamente. A obtenção de renda passiva se dá pela aquisição de ativos financeiros. Para tanto, não basta receber educação formal para o trabalho: é preciso obter, também, educação financeira.

Bolsa de Valores: acesso democrático para obtenção de ativos

Existem vários tipos de ativos que geram renda passiva. Entre os mais difundidos estão os imóveis alugados, as propriedades agrícolas arrendadas, algumas aplicações bancárias e a previdência privada, dado que o sistema público nunca foi confiável. Há quem priorize a compra de títulos do Tesouro Nacional. É possível, ainda, obter renda passiva de direitos autorais de obras literárias e músicas. As patentes fornecem *royalties* para quem desenvolve produtos inovadores e programas de computação.

> As Bolsas de Valores exercem um papel nobre na sociedade: para atuar nestes ambientes financeiros não é preciso herdar terras e imóveis. Não é preciso emprestar quantias vultosas de dinheiro para bancos e governos, esperando viver de renda fixa. Não é preciso ser genial nas artes ou na tecnologia. Basta estar com os documentos em dia, abrir conta numa corretora e conseguir reservar parte da renda mensal.

No começo de nossas carreiras, o nosso principal ativo é o tempo de vida que temos pela frente, aliado à disposição para trabalhar. Muitos dos que alcançam a independência financeira o fazem trabalhando no começo da vida, assumindo um padrão de consumo abaixo do que poderia ser usufruído gastando todo o salário ou os lucros de um empreendimento. Em linhas gerais essas pessoas compram ações das melhores empresas de capital aberto, bem como cotas de fundos imobiliários. Estas operações não exigem grandes aportes mensais: o excedente da renda trabalhada é um bom começo.

Colheita negativa

Há quem entre na Bolsa com o objetivo de especular, comprando ações de empresas com base na crença na valorização dos papéis para venda futura. Existem investidores que operam com análise gráfica, tentando antecipar as movimentações do mercado financeiro para tomar as decisões de compra e venda dos papéis. Aqueles que fazem várias operações diárias de prazos exíguos praticam o *Day Trade*, buscando recolher lucros diários na Bolsa de Valores.

Esses investidores queimam um canavial por dia. Se tirarem os olhos dos monitores em que acompanham a variação das cotações, ficam sem renda. O lado irônico de tal estilo de investimento é que muitos *day traders* colhem prejuízos, afugentando os leigos da Bolsa de Valores. É por isso que você não conhece um *day trader* bilionário. Mas a Bolsa faz, sim, notórios bilionários, que alcançam suas fortunas por outro caminho: o *Value Investing*.

Renda passiva por meio de dividendos

O *Value Investing* é um modo ortodoxo de investir na Bolsa de Valores, sempre com o objetivo de longo prazo, através da análise fundamentalista das melhores empresas – aquelas capazes de atravessar as piores crises políticas e econômicas, que são justamente as que geram grandes oportunidades para os investidores conscientes que, entre outras qualidades, são disciplinados e exercitam a paciência.

As empresas mais sólidas do mercado financeiro operam em atividades perenes, pouco sujeitas à ação de concorrentes diretos e de revoluções tecnológicas. Elas trabalham com considerável margem de lucro, tendo gestão eficiente, crescimento gradual e constante. E o melhor: elas dividem parte de seus rendimentos com os acionistas minoritários, justamente na forma de dividendos e juros sobre o capital próprio.

Existem empresas que pagam dividendos uma vez ao ano. Outras empresas pagam dividendos semestrais ou trimestrais. Algumas pagam os dividendos mensalmente. Conforme o montante que se aplica na compra de ações, é possível obter retorno anual de 9%, 12% e até 18% sobre capital investido. Um valor mínimo de referência para tal retorno seria de 6% no chamado *Dividend Yield*, como preconizado no livro de Décio Bazin, *Faça fortuna com ações, antes que seja tarde.*

Os fundos imobiliários também pagam dividendos: a safra deles costuma ser mensal. Ao invés de ofertar ações, os fundos imobiliários operam com cotas, por meio das quais os cotistas tornam-se donos de grandes empreendimentos rentáveis e papéis atrelados ao mercado de imóveis. Tais fundos são menos voláteis do que as empresas convencionais, embora com menor potencial de valorização ao longo do tempo – por isso representam um investimento mais conservador em renda variável.

Reinvestir os dividendos para cortar o caminho até a independência financeira

Quando você planta um pé de oliveira, provavelmente ele não

dará frutos em quantidade significativa em curto prazo. Mas, quando gerar, é importante que tais frutos sejam aliados da renda trabalhada, para que seja possível adquirir novas árvores. Com o tempo, a diversificação será um percurso natural a seguir. A monocultura é arriscada, tanto na atividade agrícola quanto na atividade financeira. Com estudos e experiência, o investidor poderá ser dono de ativos de primeira linha.

Esse contexto deixa claro que o investidor de valor, que pensa no longo prazo, adota a estratégia do *Buy and Hold* (comprar e abraçar) – tão difundida pelo megainvestidor norte-americano Warren Buffett em suas cartas anuais para os acionistas da Berkshire. É mantendo boas ações e cotas de fundos numa carteira que o investidor se beneficia dos juros compostos, que um dia farão a bola de neve girar.

No começo, a renda trabalhada pode significar até 100% da renda de um indivíduo. No entanto, se ele for um investidor de ativos que geram dividendos, a porcentagem da renda passiva, reaplicada diligentemente, aumentará a ponto de suplantar o valor da renda trabalhada.

A independência financeira se dará quando a renda passiva, estruturalmente sustentável, for suficiente para manter o padrão de consumo adotado pelo investidor, bem como a continuidade de seus aportes.

> Neste ponto, você poderá escolher se continuará trabalhando ou não. A diferença é que você poderá trabalhar por prazer, não por necessidade. Será preciso continuar cuidando da sua renda passiva, sim. Você poderá fazer disso a sua atividade principal, inclusive. Mas você terá mais tempo para fazer aquilo que aprecia.

\//////////////////////////

MEMORANDO # 01

Sobre a diferença entre renda ativa e renda passiva

Em linhas gerais, somos educados – em casa e na escola – para buscar instrução sobre como obter maior renda ativa, ou seja, aquela obtida com algum tipo de trabalho.

Porém, o caminho para obter a liberdade financeira ou uma aposentadoria mais tranquila é focar parte dos nossos esforços na obtenção de renda passiva: aquela que não depende diretamente da nossa força de trabalho.

Uma das maneiras mais eficazes para obter renda passiva, no longo prazo, é por meio da Bolsa de Valores, via compras regulares das melhores ações de empresas que pagam dividendos, além de cotas de fundos imobiliários consolidados que distribuem rendimentos.

II
O INVESTIDOR APLICADO

As palavras guardam significados e o modo como elas são pronunciadas ou escritas influencia o comportamento das pessoas que as proferem, ouvem, redigem ou leem. Como reza o ditado, "as palavras têm poder".

Deste modo, pessoas que povoam seu vocabulário com palavras negativas ficam associadas a coisas negativas. Um sujeito que reclama demais e de tudo, mesmo que tenha razão na maior parte das vezes, ganha a fama de chato.

O contrário também é válido para aqueles que carregam nas palavras de gratidão e generosidade, nos elogios sinceros e em termos que emanam pensamentos positivos. Queremos estar perto de gente assim, não é mesmo?

No ambiente dos investimentos em renda variável, relacionado ao mercado de capitais, há um vocabulário específico pelo qual, conversando com as pessoas, conseguimos identificar se são novatas na Bolsa ou se já possuem alguma experiência, bem como se têm um perfil de especulador ou de investidor.

Investir é diferente de especular

Muitas pessoas ainda confundem as duas coisas. Elas acreditam que investir e especular são sinônimos. Ao pé da letra, e na prática, não são. A especulação está associada ao ganho rápido e à volatilidade do mercado: quanto mais volátil for uma ação, melhor será para o especulador.

Existe a palavra "investimentação" para se relacionar ao termo "especulação"? Não, ao menos na linguagem formal não existe, pois não são conceitos iguais. Investimento é um conceito relacionado ao longo prazo quase que por definição.

> Um investimento ocorre quando há crença fundamentada de que haverá projeção de retorno futuro, independente do fator "sorte".

Investir é diferente de aplicar

Outro conceito muito confundido com "investimento" é "aplicação". Aplicar não é a mesma coisa que investir. Você pode fazer uma aplicação num banco, mas nunca um investimento.

Quando você deposita seu dinheiro em algum produto bancário, é o banco que usa seu dinheiro para investir, emprestando-o para terceiros, com juros altos. O banco fica com o valor principal do retorno do investimento e lhe repassa aquilo que foi prometido no ato da aplicação, conhecida também como renda fixa. Por isso, o retorno de uma aplicação bancária é muito pequeno perto do retorno do investimento que o banco faz com seu dinheiro.

Em outras palavras: quando você empresta dinheiro para o banco, você faz uma aplicação. Quando o banco empresta seu dinheiro para outros, o banco está investindo na capacidade dos outros para honrar uma dívida com juros mais altos.

Lembremos que *um investimento ocorre quando há crença fundamentada de que haverá projeção de retorno futuro, independente do fator "sorte"*. Portanto, quando um banco empresta dinheiro para uma pessoa física ou jurídica, ele está oferecendo um "crédito". Isto significa que tal pessoa "tem crédito na praça".

Crédito e crença

Não é interessante? "Crédito" e "crença" são palavras convergentes que, de certo modo, aproximam as atividades financeiras das atividades religiosas.

Alguns investidores buscam na religião a disciplina necessária para manter seus investimentos em dia. Disciplina para poupar e paciência para esperar. Comprar ações por um *Home Broker* não deixa de ser um ritual. As sedes físicas das grandes Bolsas de Valores do mundo não deixam de se parecer com catedrais.

Investidores e crentes esperam por dias melhores, guardadas as devidas proporções. Ambos nutrem sentimentos de esperança, embora tais sentimentos possam ser antagônicos nas questões materiais e espirituais.

Mas voltemos ao verbo "aplicar". Acabamos de relacioná-lo com o baixo retorno financeiro oriundo das aplicações bancárias. Porém, em outro contexto, estamos diante de um conceito de valor muito positivo. Quando afirmamos, por exemplo, que fulano de tal é um sujeito aplicado nos estudos, isso quer dizer que ele é empenhado em aprender.

Aplicar é diferente de especular

Aqui chegamos ao diferencial entre "especulação" e "aplicação". Não existe um "investidor especulador": ou a pessoa investe ou especula. Mas existe a figura do "investidor aplicado": trata-se do investidor empenhado, que todo mês reserva parte de seus ganhos para investir no futuro, esperando por dias melhores.

> Se alguém é qualificado como "investidor aplicado", é pressuposto que seja alguém com disciplina e paciência para investir no longo prazo.

Nem todos nascem com talento para exercer um ofício, e isto não é uma escolha individual. Mas qualquer um pode escolher ser aplicado numa atividade, sendo alguém que precisa se empenhar, ou seja, esforçar-se numa tarefa para desenvolvê-la num patamar desejado.

Analisar empresas de capital aberto – e fundos imobiliários – não é uma ocupação trivial, mas, se fosse uma atividade que exigisse talento inato, o mercado de capitais seria parecido com um clube fechado. Felizmente, não é – por uma simples razão: o mercado de capitais é aberto para gente empenhada.

Ser aplicado em investimentos de renda variável é dedicar tempo para a leitura e para o estudo. Significa acessar mais os balanços trimestrais das empresas e os relatórios dos fundos imobiliários – e menos o *Home Broker*. Significa acompanhar mais os fundamentos de cada ativo presente na carteira de investimentos – e menos as suas cotações diárias.

> Os melhores investidores não concentram seu capital em aplicações bancárias, mas todos eles são aplicados.

MEMORANDO # 02
Sobre a diferença entre especular e investir

Muitas pessoas são atraídas para a Bolsa de Valores sob o estigma de "comprar ações na baixa para vender na alta". Este é um conceito que iguala os ativos do mercado de capitais, que geram renda passiva através da economia real, com os diversos tipos de ativos para composição de reservas ou meramente especulativos, como metais preciosos, obras de arte, carros antigos, moedas tradicionais e criptomoedas, entre outros.

Mas investir é diferente de especular. Vale reforçar, mais uma vez: um investimento ocorre quando há crença fundamentada de que haverá projeção de retorno futuro, independente do fator "sorte".

Portanto, os investimentos em ações e fundos imobiliários, com vistas ao longo prazo, dependem mais de análises fundamentalistas, ao passo que os ativos de caráter especulativo são objetos de análises gráficas ou técnicas, que tentam adivinhar movimentos futuros observando ocorrências passadas.

Se o especulador trata uma ação como se fosse um mero objeto de troca, o investidor assume a condição de parceiro da instituição por trás da ação. Compreender isso é primordial.

III
A INDEPENDÊNCIA É UMA CONQUISTA – NÃO UM GRITO

Ao ser humano não basta viver numa nação independente, com direitos e deveres iguais para todos. A independência para fazer aquilo que se acredita ser o melhor a fazer passa pela estabilidade econômica e financeira, seja de um país, seja de uma pessoa.

Em 07 de setembro o Brasil comemora o Dia da Independência. Nesta data, em 1822, Dom Pedro, filho do rei de Portugal, levantou sua espada montado em seu cavalo sobre as margens de um riacho, num ato que ficou conhecido como o "Grito do Ipiranga":

– *Independência ou morte!*

Relatada assim, em poucas linhas, a impressão que temos é que o processo de independência do Brasil em relação a Portugal foi rápido e pacífico. Logicamente, houve resistência em algumas províncias que eram fiéis a Lisboa, num processo que se estendeu até 1825, quando Portugal finalmente reconheceu a soberania do Brasil em conjunto com a Grã-Bretanha, em troca de uma indenização relacionada a um tratado comercial.

Ou seja, o Brasil começou sua trajetória como nação independente sem uma guerra, mas endividado – uma situação da qual o país nunca se livrou de fato. Em termos econômicos, o Brasil é um país dependente até hoje.

Outras nações tiveram um processo bem mais doloroso e violento de independência. Nos Estados Unidos, a Guerra da Independência das treze colônias contra o Reino Unido durou oito anos, entre 1775 e 1783. Os colonos americanos declararam a independência no dia 04 de julho de 1776, mas a guerra se estendeu por mais sete anos.

Após a queda do Muro de Berlim, em 1989, a Iugoslávia entrou num processo de desmantelamento que resultou numa das guerras mais sangrentas da história recente na Europa. A Guerra da Independência da Croácia durou quatro anos, entre 1991 e 1995.

A Segunda Guerra Mundial culminou na independência de várias colônias na África e teve como reflexo a criação do Estado de Israel em 1948, sem, no entanto, resolver o conflito com a Palestina, que pleiteia ser um Estado independente desde então, remontando a conflitos milenares no Oriente Médio.

Ou seja, a independência não vem com uma simples declaração: ela é uma conquista que pode levar longos anos para ser sacramentada – ou nunca acontecer.

Não existem atalhos para o enriquecimento lícito

Trazendo esta questão para o lado pessoal, quem resolve perseguir a independência financeira precisa ter consciência disso: não é um processo rápido e nem sempre é um processo sem conflitos. Em todos os casos, algum sacrifício será necessário.

> Obviamente, quem está endividado ou dependente da renda de um ofício para sobreviver não pode apenas declarar a independência financeira: este é um fato que precisa ser reconhecido pelos outros, assim como ocorre com a independência das nações. Porém, há uma declaração que qualquer pessoa pode fazer:
>
> – *Quero ser independente financeiramente!*

Se for o seu caso, memorize essa data como um marco na sua jornada para atingir seus objetivos e guarde essa declaração para você, pois esse não é o tipo de ato que se faz em público.

Renegociar e readequar padrões

Quem está endividado deve compreender que toda dívida pode ser renegociada. Entre não receber o valor emprestado e receber ao menos parte dele, o credor certamente preferirá a segunda opção.

Dívidas relacionadas a financiamentos, cartões de crédito e cheque especial podem – e devem – ser rediscutidas para evitar a inadimplência. Inclusive existe a possibilidade de levar a dívida para outra instituição bancária, utilizando a portabilidade regulamentada pelo Banco Central do Brasil.

Uma renegociação de dívida poderá ser bem-sucedida se conseguir reduzir os juros cobrados e até mesmo interromper a ação dos juros compostos, caso em que o parcelamento restante fica previsível para o endividado, que poderá reservar parte da sua renda para quitar os débitos.

Aqui entra um pouco do sacrifício relacionado com a obtenção de qualquer tipo de independência. No caso da independência financeira, ela não será atingida sem a capacidade de poupança do indivíduo. Para tanto, deve-se viver num padrão de consumo abaixo daquele que a renda atual de cada um pode suprir.

Aqueles que conseguem equacionar suas dívidas deste modo estão aptos para ingressar no campo dos investimentos. Afinal de contas, a condição básica para investir é ter capital disponível para tanto.

A renda do trabalho é finita

Por maior que seja o salário ou a lucratividade de um negócio gerido pessoalmente, não será isso que trará a independência financeira para alguém. Isto depende da renda passiva que essa pessoa consiga amealhar durante os anos. Portanto, ser independente financeiramente é não depender de um empregador, de empregados ou do próprio emprego – no caso dos autônomos.

Vale lembrar que toda a renda obtida com um ofício pode cessar um dia, por falta de saúde ou por idade avançada, por exemplo. Já a renda passiva, se bem estruturada, pode existir por prazo indeterminado e atravessar gerações.

> Um dos melhores meios, se não o melhor, para geração de renda passiva é através da Bolsa de Valores. Quem adquire ações de empresas pagadoras de dividendos e cotas de fundos imobiliários consolidados, por meio da prática recorrente do reinvestimento dos proventos, aciona o poder dos juros compostos a seu favor e não contra, como ocorre com os endividados.

A relação entre risco e retorno

A geração progressiva de renda passiva não é um processo rápido e indolor. O investimento em renda variável através da Bolsa de Valores envolve riscos concomitantes ao potencial de maior retorno em relação às aplicações de renda fixa e demais produtos bancários. É possível minimizar os riscos com boas escolhas de ativos e por meio da diversificação.

Encontrar boas empresas de capital aberto e fundos imobiliários consistentes pode não ser uma tarefa simples para o investidor iniciante. É por isso que existem casas independentes de pesquisas sobre investimentos no mercado financeiro, como a Suno Research.

Ao contar com analistas profissionais, o investidor que mira a independência financeira poderá seguir com mais confiança na sua jornada, se respeitar também o preceito da diversificação.

A soma das diferenças

Os Estados Unidos venceram a Guerra da Independência contra o Reino Unido, pois atuaram como uma nação que englobava na época treze colônias diferentes. Se apenas uma ou duas colônias se insurgissem contra os europeus, dificilmente os americanos seriam vencedores. Não por acaso, distribuir investimentos por um número semelhante de ativos (treze) já é uma garantia de segurança para o indivíduo que investe por meio da Bolsa de Valores.

> Pode acontecer que um dos ativos na carteira do investidor não produza o resultado esperado, mas certamente os outros doze compensarão eventuais perdas, além do fato de um ou dois ativos obterem um ótimo desempenho ao longo dos anos, acelerando o processo de independência financeira.

Toda guerra é disputada mediante batalhas. Algumas são ganhas e outras são perdidas. Na Bolsa de Valores, é preciso travar as batalhas que valem a pena, optando por empresas de sólidos fundamentos, evitando as especulações. Soldados que agem sem uma estratégia definida, apenas especulando pelos campos, raramente voltam para o agrupamento ao fim da missão.

> Os investidores conscientes, ao contrário dos soldados mais destemidos, não procuram por aventuras: eles querem a calmaria dos tempos de paz no seu cotidiano. A guerra que investidores enfrentam não é física, mas psicológica. Manter o equilíbrio mental, mesmo diante de eventuais perdas, é essencial para colher os benefícios no longo prazo.

Às margens do Ipiranga

Quando a independência financeira é atingida? É difícil precisar uma data ou prever o tempo necessário para que ela se confirme.

Esse processo é variável de investidor para investidor, e depende também do perfil de cada um. Entre arrojados e defensivos, o fato é que a cada dia que passa a independência financeira se aproxima para os engajados, que são os sujeitos portadores de disciplina e paciência.

Uma pessoa será financeiramente independente quando a sua renda passiva for capaz de manter o padrão de vida desejado e ainda permitir o reinvestimento de parte dos proventos, como margem de segurança para manter o estágio alcançado e possibilitar contínuo crescimento do patrimônio adquirido.

No futuro, quem sabe você constate que sua independência financeira chegou. Finalmente você poderá dar seu "Grito do Ipiranga".

Algo me diz, no entanto, que você evitará esse tipo de exposição. Será mais elegante guardar essa declaração, assim como aquela do desejo de ser independente.

> Há pessoas que soltam rojões e gravam vídeos no YouTube quando atingem a marca de um milhão de reais, por exemplo. Mas elas não contam aos sete mares quando algo dá errado nos seus investimentos. As praias mais pacatas do Brasil, que tanto encantaram os portugueses no tempo da Colônia, estão repletas de vencedores anônimos na Bolsa de Valores. Faço votos para que você seja um deles no futuro.

MEMORANDO # 03
Sobre a importância de se livrar das dívidas

A primeira etapa para buscar a liberdade financeira é ficar livre das dívidas, pois elas literalmente escravizam as pessoas sob o ponto de vista financeiro.

Como geralmente os juros das dívidas superam os juros dos investimentos, é primordial que uma pessoa nessa situação dê prioridade à quitação de suas pendências, através de renegociações dos compromissos e da eventual portabilidade de um financiamento que permita melhores condições de pagamento.

Aquele que se liberta das dívidas, e do poder opressor dos juros compostos que carregam, passa a ter ao seu lado essa força, a partir do momento em que houver o primeiro reinvestimento de proventos na compra de mais ativos geradores de renda passiva.

IV
ACUMULE ATIVOS E EXPERIÊNCIAS.
NÃO ACUMULE COISAS

"Diga-me o que acumulas e te direi quem és" – poderia clamar o profeta da Era Moderna, indagando sobre seu foco em fazer algo para "ter" ou "ser". As respostas para essas questões serão refletidas no seu resultado de longo prazo, em qualquer atividade que desempenhar.

Um dos grandes gênios criativos do século XX foi Colin Chapman, fundador da lendária equipe Lotus da Fórmula 1, que fez história desenvolvendo carros de corrida revolucionários, permitindo aos pilotos brasileiros Emerson Fittipaldi e Ayrton Senna vencer seus primeiros Grandes Prêmios na categoria.

Certa vez, Chapman declarou que *"aumentar a potência deixa você mais rápido nas retas, subtrair peso deixa você mais rápido em todo lugar".* Ele estava se referindo ao peso de seus carros, que deveriam sempre ser muito bons de curva, pois é nas entradas e saídas de curvas que as ultrapassagens são predominantemente feitas, não no meio das retas. Os carros mais potentes usavam motores mais pesados, que consumiam mais combustível, e o chefe da Lotus não gostava de depender dos fornecedores deles.

Podemos até pensar que a frase de um construtor de bólidos não se aplica em termos filosóficos e que, portanto, não tem serventia prática em nossas vidas. Porém, se você considerar que a vida é cheia de curvas, chegará melhor ao final dela se estiver mais leve. Este "leve" não se restringe ao peso corporal, mas alcança os aspectos psicológicos que alguns chamam de "estado de espírito".

Menos peso. Mais longevidade

Sabemos que pessoas muito acima do peso ideal sobrecarregam seus órgãos, como coração, fígado, estômago, intestino e rins, além de prejudicar as articulações. Pessoas obesas são menos ágeis e, a despeito do aspecto estético, que é particular de cada um, é consenso que elas deveriam procurar perder peso, ou seja, livrar-se do acúmulo.

Porém, não importa que alguém seja magro de fazer inveja, se a bagagem extra que a pessoa carrega na mochila for exagerada para suas costas. Pessoas que fazem grandes peregrinações, a pé ou de bicicleta, atentam especialmente para esse aspecto. Elas levam consigo o estritamente essencial ou ficam pelo caminho.

O que é mais prático num aeroporto? Descer do avião apenas com a bagagem de mão ou pagar pelas malas despachadas? Fora o contratempo para reavê-las desfilando pelas esteiras da área de desembarque. Com menos malas e pacotes, o viajante está mais apto para assimilar a bagagem que realmente importa: a experiência vivida num lugar novo, com outra cultura e outros costumes.

> Para assimilar coisas novas, devemos estar com a mente aliviada. Quando nos livramos do peso morto que as coisas velhas carregam, abrimos espaço para renovar não só o nosso guarda-roupa, mas o nosso modo de lidar com os desafios e as oportunidades que as curvas da vida nos revelam.

O acúmulo das influências

Somos educados e estimulados desde pequenos para acumular coisas, como se isso fosse sinal de progresso. As crianças colecionam carrinhos e bonecas. Os adolescentes compram roupas de marca, produtos eletrônicos e artigos esportivos. Já os adultos adquirem o segundo ou terceiro carro, sonhando com uma casa maior para guardar tudo que suas crianças e seus adolescentes acumulam.

Quanto custa manter tudo isso em ordem? Roupas no armário que mofam, pois raramente são usadas e lavadas. Carros que rodam com o óleo do motor vencido. O filtro do ar condicionado da sala de TV que nunca é vistoriado. Coisas em excesso são como passivos: tiram dinheiro do nosso bolso e nos tiram o foco para as coisas de que realmente precisamos.

> Algumas pessoas descobrem que viajar e acumular experiências relacionadas a pessoas, lugares e trabalhos diferentes é o que realmente as faz sentir a vida na sua plenitude. Naturalmente, elas se livram de todo o peso morto possível do corpo e da mente. Elas buscam se livrar de passivos materiais e psicológicos. Esquecem ou perdoam até as ofensas recebidas no passado.

Mas pouca gente descobre o caminho para obter as condições que nos permitem acumular boas experiências. Esse caminho passa pelo acúmulo de ativos que geram renda passiva. Para que alguém um dia possa jogar tudo para o alto antes de viajar ao redor do mundo, por exemplo, é preciso que a questão financeira esteja absolutamente equacionada. O mesmo se aplica para aquele que deseja abandonar um trabalho enfadonho para finalmente exercer um ofício que o complete.

A soma dos aportes

Uma das melhores formas para obter renda passiva é por meio de ações de empresas de capital aberto que pagam dividendos, além de cotas de fundos imobiliários que igualmente são negociadas em Bolsa. Não é um processo rápido e, portanto, exige disciplina e paciência. São anos e mais anos com aportes mensais e regulares que visam acumular os melhores ativos de cada ocasião.

Esse é o tipo de acúmulo que vale a pena. Vejamos: ações não aparecem nos aparelhos de raio-X das alfândegas dos aeroportos. Não existe excesso de carga para quem tem doze mil ações de uma empresa que transmite energia. Quem leva na mochila sete mil cotas de um fundo imobiliário que administra vários galpões de logística jamais ficará cansado por causa disso.

Porém, para acumular ativos, é preciso acumular recursos monetários, ou seja, fazer poupança. Por vezes, falta potência (renda) para efetuar um aporte no fim do mês. Neste caso Colin Chapman lembra a solução: subtraia peso (passivo) do seu padrão de vida.

> Em suma: não acumule coisas. Acumule ativos. Eles permitirão que você acumule experiências – e isso não tem preço.

MEMORANDO # 04
Sobre adequar o padrão de consumo para fazer economia

Uma pessoa só consegue investir na Bolsa de Valores quando tem recursos disponíveis. Esta condição só ocorre quando suas despesas mensais são inferiores ao total de sua renda.

São dois caminhos que alguém pode seguir para aumentar a sua capacidade de poupança, permitindo-lhe realizar investimentos para o longo prazo: o primeiro é aumentar suas fontes de renda e o segundo é reduzir suas despesas.

A palavra que mais se adequa à última opção é "parcimônia". Quem age com parcimônia come para se alimentar e não para se esbaldar, veste-se com bom senso e não para exibir alguma marca da moda, considera um veículo como meio de locomoção e não de ostentação, mora numa casa prática e confortável, sem a necessidade de que ela seja grande e luxuosa.

O investidor consciente é um poupador que valoriza o "ser" sobre o "ter".

V
POUPANÇA SÓ FAZ SENTIDO
SE HOUVER PROPÓSITO

O profeta já dizia que figueiras não produzem azeitonas e videiras não produzem figos. Este é o problema da caderneta de poupança, quando considerada como alternativa de investimento – o que não faz dela uma vilã, como pregam certas "autoridades".

Estamos vivendo na "Era dos *Youtubers*". Aparentemente eles fazem tanto sucesso que são considerados influenciadores digitais. No mundo virtual não há limites para seus egos inflados:

"Eu elegi o presidente" – disse um deles. *"Vou desferrar sua vida"* – prega a autoproclamada mãe dos juros compostos.

Nada contra assistir vídeos na Internet. Existe conteúdo relevante neles, especialmente no campo da educação financeira. Alguns canais do YouTube fazem mais pelas pessoas nessa área do que a maioria das escolas convencionais. Mas também se fala muita bobagem por aí. Precisamos ter senso crítico para assistir a um vídeo no YouTube, do mesmo modo como devemos ter senso crítico para ler um livro, incluindo este.

Para chamar a atenção do público, alguns *youtubers* são provocativos: falam coisas para chocar o espectador. Este, por sua vez, se for um desavisado, vai se sentir um imbecil. Então, quando alguma solução simples for proposta, *voilà*: fica a impressão de que um gênio está falando na tela do *smartphone*. Um gênio que pede um *joinha* e ativação do *sininho* no final da transmissão.

A Geni do mercado financeiro

Nessas horas, coitada da caderneta de poupança – ela é uma das maiores vítimas dos *youtubers* que falam sobre investimentos. Batem nela sem dó. Quem tem ou já teve dinheiro numa delas tenta se esconder no buraco mais próximo. Ter uma poupança é como possuir um disco do Waldick Soriano: quem tem não fala.

Se você tem uma caderneta de poupança e já viu um vídeo no YouTube desancando-a, sabe o que deveria ser respondido nos comentários?

"Eu não sou cachorro, não!"

Fique tranquilo, pois não há problema em ter dinheiro numa caderneta de poupança, desde que você saiba suas reais funções.

> Primeiramente, devemos ter clareza de que a caderneta de poupança não é um produto bancário de investimento, mas é como se fosse uma garagem para estacionar o dinheiro. A caderneta de poupança repõe apenas as perdas inflacionárias, oferecendo um rendimento real muito baixo. Em 2018, por exemplo, a caderneta de poupança rendeu apenas 1% acima da inflação que, por sua vez, é sentida de modo diferente em cada estrato da sociedade.

Longo prazo

Ou seja, no longo prazo, dificilmente, o acúmulo de recursos numa caderneta de poupança trará tranquilidade para o complemento de uma aposentadoria. Para o longo prazo, o investimento em ações de empresas que pagam dividendos e os aportes regulares em fundos imobiliários serão bem mais eficientes, como demonstramos no livro *Guia Suno Dividendos*, em função da geração de renda passiva que preserva o patrimônio amealhado.

Médio prazo

Para projetos de médio prazo, como uma viagem de férias com a família, um curso de pós-graduação, a troca de um veículo ou a reforma de um imóvel, a caderneta de poupança perde para o Tesouro Selic, mesmo com as taxas de juros em baixa.

Apesar de o rendimento do Tesouro Selic implicar o pagamento de imposto de renda no momento da retirada, ele poderia ser considerado como a nova caderneta de poupança dos brasileiros. Ainda lhe falta, porém, a liquidez imediata, que não ocorre em fins de semana e feriados. Além disso, podem haver interrupções de negociações no Tesouro Direto, sempre que eventos não controlados provocarem movimentos especulativos, num processo semelhante ao *Circuit Breaker* da Bolsa de Valores.

Liquidez para emergências

Por isso, não se deve usar exclusivamente o Tesouro Selic como colchão de emergência, pois numa necessidade imprevista o dinheiro pode não estar disponível para saque imediato. Esta é a grande vantagem da caderneta de poupança para quem tem acesso a *Internet Banking*: é possível transferir recursos para a conta corrente em qualquer dia e horário, sem pagamento de impostos, embora o rendimento mensal fique comprometido, pois ele só ocorre no "aniversário" do depósito.

Manter um fundo emergencial na caderneta de poupança evita que o poupador entre no cheque especial ou atrase o pagamento da fatura do cartão de crédito, cujos juros são estratosféricos, para não dizer que são pornográficos.

Esta, portanto, é a grande função da caderneta de poupança: atuar como fundo de tranquilidade para o poupador que também é investidor, posto que o principal do valor economizado deve ser direcionado para a compra de ativos que geram renda passiva.

Curto prazo

Para compromissos de curto prazo e para possibilitar compras à vista com descontos reais, a caderneta de poupança também tem grande valia, especialmente nos primeiros meses do ano, repletos de contas importantes para pagar. Vejamos: IPVA do carro, IPTU da moradia, anuidade do conselho profissional, matrícula da escola particular. Todos esses compromissos oferecem bons descontos para o pagamento à vista.

Para quem tem filhos na escola particular a caderneta de poupança pode ser muito útil. Vamos exemplificar simplificando os números, supondo que o valor da mensalidade seja de R$ 1 mil, com matrícula de igual valor. O montante anual é de R$ 13 mil. É possível negociar descontos generosos para o pagamento antecipado de todo o ano. Neste caso, algumas escolas oferecem de 8% a 12% de desconto, taxa que pode ser progressiva conforme a fidelidade entre as partes ao longo do tempo.

Para facilitar, vamos considerar um desconto de 10%. Dos R$ 13 mil originais, o valor pago cai para R$ 11.700 que, dividido por 12 meses, fica em R$ 975, ao invés dos mais de R$ 1.083 previstos anteriormente. Se você considerar que a poupança rendeu 4% no ano (sem descontar a inflação) e o desconto na escola foi de 10%, então, numa conta de padeiro, é como se o seu capital tivesse rendido 14% – seguramente mais de 1% ao mês. Nada mal.

Questionamento

Posto isso, será que vale a pena gastar tempo e energia procurando algum CDB que bata o CDI e que tenha liquidez diária? Talvez não, uma vez que o retorno financeiro que realmente importa é oriundo de ativos geradores de renda passiva no longo prazo.

Você, que tem senso crítico e já leu *101 Perguntas e Respostas para Investidores Iniciantes*, de Tiago Reis e Felipe Tadewald, pode me trucar sobre a questão número 26. Para não deixar dúvidas, vamos reproduzi-la integralmente:

"26) Em qual investimento deixo o meu fundo de emergência?

No momento em que este livro foi publicado, utilizávamos como fundo de emergência o fundo BTG Pactual Yield DI RF CP, que possui uma liquidez elevada, permitindo resgate em D+0, com rentabilidade bruta próxima ao CDI.

Como utilizamos a renda fixa apenas como um modo de ter recursos disponíveis imediatamente para poder comprar ações em momentos de volatilidade, ou para eventuais custos e despesas emergenciais, e não para simplesmente buscar rentabilidade, esse produto nos servia muito bem.

É recomendável que, para fundo de emergência, o investidor utilize uma opção com liquidez imediata e com baixas taxas de administração (o ideal é que essa taxa não supere 0,5%).

Infelizmente, fundos de renda fixa de grandes bancos em geral cobram taxas abusivas e oferecem rentabilidades baixas. Portanto, é interessante que o investidor busque esses fundos em plataformas de corretoras, que geralmente oferecem muito mais produtos."

Conclusão

Portanto, se você está convencido de que a caderneta de poupança realmente não é um bom negócio, já tem o parecer de especialistas em investimentos sobre onde alocar seu fundo de emergência, mas isso não desmerece quem optar pela solução tradicional, acessível à maioria da população e aos investidores em começo de jornada.

Deixar por deixar dinheiro na caderneta de poupança é como ter um carro que não sai da garagem. Porém, se houver um propósito para esse dinheiro – o tal do destino –, então ela terá sua importância. Ela pode ser brega como a música de Waldick Soriano, mas isso no Brasil não é um problema, a não ser para alguns *youtubers* descolados.

MEMORANDO # 05
Sobre a divisão das cestas do dinheiro poupado

A caderneta de poupança, assim como diversos produtos bancários, não pode ser considerada como um destino para investimentos de longo prazo. Porém, assim como o Tesouro Selic e alguns CDBs, presta-se para composição de um fundo de emergência – que geralmente equivale a seis meses de despesas do investidor e de seu núcleo familiar.

A caderneta de poupança também serve como instrumento de auxílio para compras à vista, podendo compor também a cesta de projetos de médio prazo do investidor, embora, neste caso, o Tesouro Selic seja mais eficaz, assim como os produtos de renda fixa ofertados pelas principais corretoras.

Para a cesta do longo prazo, não se deve colocar o dinheiro que pode ser necessário no curto ou médio prazo. No longo prazo, os ativos de renda variável, acessados pela Bolsa de Valores, tendem a entregar melhores resultados, mas a volatilidade inerente a eles pode prejudicar aqueles que necessitam vender ações de empresas e cotas de fundos imobiliários por necessidade premente em momentos errados.

VI
O FLA-FLU DA RENDA FIXA
VERSUS RENDA VARIÁVEL

No esporte, as torcidas são separadas por cores e bandeiras, mas no mercado financeiro precisa ocorrer algo semelhante? Não necessariamente. Saber combinar ativos de renda variável com títulos de renda fixa pode ser a receita ideal para a obtenção de renda passiva.

O Brasil é um país de dimensões continentais cujo esporte mais popular é o futebol. Em função disso, grandes rivalidades entre clubes se estabeleceram em vários estados. Em São Paulo, são dois clássicos: o San-São entre Santos e São Paulo e o Derby entre Corinthians e Palmeiras. Em Minas Gerais, a principal disputa fica entre o Atlético e o Cruzeiro, e na Bahia, entre o Bahia e o Vitória.

Mas talvez o clássico mais incensado pela literatura esportiva seja o Fla-Flu entre Flamengo e Fluminense, disputado no Rio de Janeiro. Num tempo em que o Rio era a capital do Brasil, o futebol carioca era irradiado para todo o país. Já as poucas imagens eram registradas pelo Canal 100 e transmitidas dias depois durante as sessões de cinema, antes do filme principal.

Os irmãos Mario Filho e Nelson Rodrigues eram jornalistas influentes nos tempos de glória da Guanabara e trataram de criar uma áurea de romantismo em torno dos times para os quais eles torciam, cuja dicotomia implícita na expressão "Fla-Flu" escapou das quatro linhas dos gramados e passou a ser usada em outros campos de discussões, como na política e na economia.

No mercado financeiro brasileiro também existe um Fla-Flu, disputado entre os defensores da renda fixa *versus* os defensores da renda variável. Especialistas em renda fixa comparam o índice S&P 500 nas últimas três décadas com o resultado dos títulos de renda fixa de longo prazo nos Estados Unidos para decretar o fim da estratégia do *Buy and Hold,* espelhando esse cenário para a economia nacional. Já alguns entusiastas da renda variável não se esquivam na diplomacia para comparar a renda fixa com a "perda fixa".

No meio desse tiroteio verbal, o investidor que está em começo de jornada pode até questionar se essa é uma questão válida e se há algum lado vencedor. O investidor de longo prazo com certa experiência sabe, no entanto, que a comparação não faz sentido.

Índices não são sínteses

Para começo de conversa, não se pode medir o desempenho da renda variável usando apenas um índice geral, como o IBOV da Bolsa de São Paulo, salvo se um investidor alinhar sua carteira com os ativos usados na composição de tal índice. Ocorre que existem empresas cujos desempenhos são totalmente descolados dos gráficos que representam índices gerais, para o bem ou para o mal.

Igualmente, na renda fixa não podemos usar apenas a taxa básica de juros (Selic) ou o CDI – Certificado de Depósito Interbancário – como comparativo para vencer a inflação, uma vez que os índices oficiais que medem a inflação raramente coincidem com a inflação real sentida no bolso das pessoas, por uma razão muito simples: isso varia de cidade para cidade e conforme o padrão de consumo de cada família.

Um casal que mora em São Paulo e depende de automóvel para chegar ao trabalho, além de escola em período integral para os filhos pequenos, terá um custo de vida diverso do casal que vive no sul de Minas Gerais, trabalha em *home office* e pode deixar os filhos em meio período na casa de seus avós. O impacto da inflação para esses casais será sentido de modo distinto. Logo, eles não podem replicar a mesma estratégia de investimentos. Além disso, qualquer estratégia inteligente de investimentos não pode ser afetada por paixões baseadas em dicotomias, como a da renda fixa *versus* a renda variável.

Torcidas se unificam pela seleção

Vamos supor que os rendimentos de uma carteira de investimentos estejam atrelados aos resultados de jogos de futebol. O que um investidor inteligente do Rio Grande do Sul faria? Colocaria todas as fichas no Grêmio? Ou focaria apenas no Internacional? Bom, se ele escolhesse torcer pelos dois times, certamente comemoraria títulos em praticamente todos os anos, com todo o respeito aos torcedores do Caxias e do Juventude.

> Semelhantemente, o investidor de longo prazo não precisa ficar restrito aos títulos de renda fixa *versus* os ativos de renda variável. No Fla-Flu do mercado de capitais, ele pode vestir as duas camisas – sem virar a casaca. Mais do que isso: pode se comportar como o técnico da seleção brasileira de futebol para montar sua carteira de investimentos, chamando apenas os melhores jogadores de cada posição.

O grande duelo do futebol brasileiro ocorreu durante o fim da década de 1950 e boa parte da década de 1960, entre o Santos de Pelé e o Botafogo de Garrincha. O técnico Vicente Feola chamou ambos para disputar a Copa do Mundo de 1958 realizada na Suécia, quando o Brasil ganhou seu primeiro título. Já imaginou se o Feola convocasse apenas jogadores de um time ou de outro? Certamente o Brasil sequer chegaria à final do campeonato, mas o fez, com craques de vários times – um exemplo de diversificação.

Entre renda fixa e renda variável, fique com a renda passiva

O Fla-Flu da renda fixa *versus* a renda variável só faz sentido quando os investidores miram apenas a acumulação de capital. Por mais contraditório que possa parecer, a construção de um patrimônio não significa a independência financeira no longo prazo, se esse patrimônio não for gerador de renda passiva.

> Para quem investe com o foco na renda passiva, a dicotomia entre renda fixa e renda variável não faz sentido.

Para o investidor de longo prazo em começo de jornada, apenas a renda fixa não lhe trará renda passiva – um atributo que somente a renda variável pode oferecer no mercado financeiro, através de empresas pagadoras de dividendos e fundos imobiliários.

Por outro lado, investir apenas em renda variável pode deixar o investidor exposto, caso ele necessite de parte do dinheiro antes da hora. Na renda variável, o patrimônio infla e desinfla feito um pulmão inspirando e expirando. É muito difícil ter fôlego para sustentar um pulmão inspirando o tempo todo, do mesmo modo que o movimento de expiração tem limites. Se um investidor precisar retirar capital do mercado num ciclo de baixa, os prejuízos poderão ser grandes e irreversíveis.

> Portanto, quando um investidor deseja obter renda passiva no longo prazo, é fundamental que faça uma composição de carteira com títulos de renda fixa mesclados com ativos de renda variável. É como se um técnico de seleção nacional pudesse escalar jogadores de renda fixa na defesa e craques da renda variável no ataque.

Sem segredos táticos

Uma estratégia simples para seguir separa o capital do investidor em cestas distintas: a primeira é a composição de um fundo de emergência com recursos equivalentes a um ou dois semestres das despesas atuais do investidor; a segunda cesta seria para alocação de recursos para investimentos de médio prazo, como uma pós-graduação, uma viagem, a reforma de uma casa, a troca de um automóvel; finalmente, a terceira cesta seria dedicada ao longo prazo, visando à independência financeira ou ao planejamento de uma aposentadoria em melhores condições.

Note que os investimentos em renda variável estarão presentes apenas na terceira cesta. No longo prazo, esse montante pode chegar à quase totalidade da carteira do investidor. Porém, em termos qualitativos, somente a renda fixa estará presente nas três cestas, inclusive na destinada ao longo prazo, para compor as reservas que serão usadas em janelas de oportunidades, quando ativos sólidos estiverem descontados, oferecendo maior retorno em forma de dividendos.

Cabe salientar que os investimentos em renda fixa, para quem mira a obtenção de renda passiva, não precisam oferecer retornos excepcionais, pois mais importante é garantir a sua liquidez, desde que haja garantias mínimas de preservação do capital frente ao processo inflacionário. É na renda variável que os retornos mais significativos devem ser buscados, sempre respeitando o critério da margem da segurança – o que no futebol seria como atacar sem abrir a defesa para um contra-ataque.

Resgates imediatos

Portanto, os títulos de longo prazo do Tesouro Direto não são os melhores zagueiros para um investidor com foco em renda passiva. Já o Tesouro Selic seria uma boa pedida, pois garantiria retornos minimamente positivos, independente do prazo de resgate. Até a caderneta de poupança, em tempos de inflação controlada, se presta para um bom fundo de emergência, como um zagueiro que sabe rebater a bola antes de ela ser chutada para o gol. Algumas aplicações em CDBs – Certificados de Depósitos Bancários – também cumprem bem esse papel.

Para o meio de campo, uma boa pedida são as cotas de fundos imobiliários: elas possibilitam renda passiva mensal imediata e ajudam a compor os aportes em demais ativos de renda variável, mesclados com o dinheiro poupado pelo investidor. No ataque, as ações de empresas com sólidos fundamentos, com bom histórico de pagamento de dividendos, atuam como centroavantes que sabem cabecear e chutar com as duas pernas, além de matar a bola no peito.

Fla mais Flu

Deixemos o Fla-Flu para os campos de futebol. No mercado financeiro, ninguém precisa se restringir a uma camisa para ter chances de ser campeão ano sim e outro ano também.

Se a renda fixa está dando pouco retorno além da inflação, quem sem importa? Se a renda variável está num ciclo de baixa que parece interminável, sempre haverá quem comemore: justamente aqueles que investem em ativos geradores de renda passiva, cujos fundamentos não derretem feito os índices gerais das Bolsas ao redor do mundo.

As metas para geração de renda passiva também variam de investidor para investidor, conforme o seu padrão de vida e o lugar onde vive.

Portanto, investidores não disputam um campeonato unificado

para ver que é o melhor, dado que todos podem ser campeões ao atingirem as próprias metas.

Investir não é como disputar uma Copa do Mundo em poucos jogos eliminatórios: é como disputar um longo campeonato de pontos corridos, no qual a regularidade é mais importante do que os lances esporádicos de genialidade.

MEMORANDO # 06
Sobre a reserva de capital
para aproveitar oportunidades

O mercado de capitais é feito de altos e baixos. Movimentos especulativos, desencadeados por razões diversas, mas principalmente oriundos de conjunturas políticas e econômicas, podem provocar tensões que alternam dias de euforia com dias de desalento.

O investidor consciente sabe que os melhores ativos da Bolsa de Valores não perdem seus fundamentos em função disso e, quando suas cotações baixam, abrem-se oportunidades de compras mais intensas, caso haja reserva de capital.

Por isso, o investidor sensato faz bom uso tanto da renda variável como da renda fixa, estocando recursos na segunda, quando a Bolsa sobe demais, para aproveitar as "liquidações" quando a Bolsa cai.

É nos momentos de baixa da Bolsa que os investidores de longo prazo mais aportam em bons ativos que geram renda passiva.

VII
FIIS: PORTA DE ENTRADA
PARA INVESTIR NA BOLSA

Um dos trabalhos mais desafiadores da minha carreira foi editar o Guia Suno Fundos Imobiliários, *escrito por Marcos Baroni e Danilo Bastos. Foi a primeira vez que participei de um projeto editorial sem atuar como autor ou coautor. Como editor, tive o privilégio de ler e reler o livro várias vezes no processo revisional, durante as trocas de sugestões com os autores.*

Em função disso, cada vez mais pessoas do meu convívio me procuram para sanar dúvidas sobre fundos imobiliários. Em geral, são amigos e parentes com medo de investir em ações, mas dispostos a ingressar na Bolsa por meio dos FIIs – e realmente este é um bom começo.

Várias cestas – uma de cada vez

É muito difícil abordar um assunto como este do zero, mas em geral procuro enfatizar que investidores novatos precisam se reconhecer como defensivos e conservadores num primeiro momento, antes de procurar por emoções mais fortes. Então, o primeiro ponto a ser considerado é a diversificação: uma boa carteira de fundos imobiliários deve ser distribuída em alguns bons ativos, sem jamais ser concentrada demais.

A diversificação pode ocorrer por dois caminhos, dependendo do volume dos aportes que o investidor fará. Se o investidor sacou o fundo de garantia, vendeu um veículo, apartamento ou outro bem, por exemplo, a diversificação pode ocorrer logo no primeiro mês.

Mas se a trajetória dos aportes em fundos imobiliários está começando com o valor poupado naquele mês, oriundo de um ofício ou empreendimento, então recomendo que se faça apenas uma compra inicial, alternando os ativos ao longo dos meses para compor a diversificação lentamente.

O número de ativos numa carteira dependerá das oportunidades que o mercado financeiro apresenta, sendo variável de investidor para investidor.

> Com algumas corretoras operando com taxa zero de comissão para fundos imobiliários, pode haver um estímulo para pulverizar as compras das cotas e mesmo o incentivo para o giro da carteira, com eventuais vendas. A despeito de tal facilidade, recomendo concentrar os aportes em poucas operações, por uma razão muito simples: fica mais fácil para relatar a movimentação em Bolsa na declaração anual de imposto de renda.

Afinal de contas, se o investidor em questão já deu o grande passo para gerir a própria carteira de ativos, não faria muito sentido terceirizar o preenchimento da documentação da Receita Federal – e quem começa a investir em renda variável precisa dar atenção especial a isso. Portanto, com menos aportes realizados no primeiro ano, aprender a declará-los será uma tarefa mais simples.

Líquido e certo

O segundo ponto importante para o investidor novato que seja defensivo e conservador – e continuar assim, mesmo sendo mais experiente, não é problema algum – é priorizar a liquidez.

A facilidade de vender cotas de um fundo imobiliário é um dos grandes diferenciais frente ao investimento em imóveis tradicionais. Neste aspecto, dentre as centenas de opções que temos no mercado de capitais, podemos restringi-las aos ativos que fazem parte do IFIX – Índice de Fundos de Investimentos Imobiliários da Bolsa de São Paulo –, composto pelos ativos listados na B3 com maior volume de transações.

Menos *Home Broker* – mais lição de casa

> Não se aprende sobre fundos imobiliários com a tela do *Home Broker* aberta. O investidor de fundos imobiliários é, sobretudo, um estudante que faz a lição de casa, dedicando tempo à leitura de informes mensais e trimestrais dos fundos, relatórios gerenciais e prospectos de distribuição de cotas, entre outros documentos que os gestores e administradores dos fundos publicam regularmente.

O grande atrativo dos fundos imobiliários é a renda passiva mensal que quase todos eles entregam. Os rendimentos dos FIIs equivalem ao aluguel de imóveis tradicionais, com a diferença de que não é necessário investir grandes somas para começar a receber proventos proporcionais ao capital alocado já no mês seguinte. Outra diferença está no retorno financeiro: enquanto uma casa alugada, por exemplo, rende muitas vezes abaixo da poupança, algo em torno de 0,4% ao mês, certos fundos entregam retornos mensais de quase 1% sobre o capital investido.

Cuidado, porém, com retornos muito elevados: eles podem não ser duradouros. Verificar o histórico de pagamento de proventos é muito importante, bem como estudar projeções futuras. É certo que, caso tais rendimentos sejam reinvestidos na compra de mais cotas de fundos, o princípio dos juros compostos será ativado, turbinando os retornos no longo prazo.

Tipos de FIIs

Por fim, vale destacar que existem diversos tipos de fundos imobiliários: fundos de tijolos, fundo de papéis, fundos de fundos e fundos de desenvolvimento.

Fundos de tijolos possuem ativos diretamente relacionados com imóveis: agências bancárias, galpões de logística, centros comerciais, entre outros.

Fundos de papéis investem em produtos financeiros como LCIs e CRIs, que por natureza não são "perpétuos" e forçam os gestores dos fundos a recalibrar as carteiras internas de tempos em tempos, ao passo que os fundos de tijolos têm dificuldade maior de girar ou manter seus ativos atraentes.

Fundos de fundos compõem suas carteiras com cotas de outros fundos e igualmente necessitam de gestão precisa para manter a renda mensal satisfatória.

Já os fundos de desenvolvimento investem em empreendimentos que vão gerar retorno futuro, como loteamentos e construção de *shoppings*.

Para quem está começando a investir em fundos imobiliários, aconselho a focar nos fundos de papéis e fundos de fundos, pois de certo modo estamos lidando com profissionais ocupados diariamente com análise de ativos.

No caso de fundos de tijolos e fundos de desenvolvimento, nós mesmos temos de avaliar cada tipo de ativo, mas nem sempre temos condições de fazer isso com propriedade – o que só vem com a experiência.

> Após tomar gosto pelos aportes em renda variável, sentindo a confiança que os fundos imobiliários transmitem,

o investidor novato poderá migrar também para os investimentos em ações de empresas pagadoras de dividendos.

MEMORANDO # 07
Sobre parâmetros seguros para escolher um bom FII

Os fundos de investimentos imobiliários representam uma ótima alternativa para a obtenção de renda passiva na forma de aluguéis, em relação aos imóveis tradicionais.

Para evitar riscos neste segmento, recomendo evitar fundos de desenvolvimento e fundos que tenham apenas um inquilino. A liquidez é um fator importante: se um FII não estiver presente no IFIX, deve realizar, ao menos, três mil negócios por mês na Bolsa.

O rendimento anual do FII deve suplantar a inflação sem, no entanto, ser alto demais, para evitar surpresas desagradáveis. Um intervalo entre IPCA +3% e IPCA +6% é minha sugestão. Vale, ainda, verificar se o FII vem entregando rendimentos ininterruptos nos últimos 24 meses.

Por fim, aprecio FIIs com pouca variação na relação entre preço e valor patrimonial da cota. 10% de variação é uma margem segura, com limite de 15% em casos extremos. Quanto mais a relação se aproximar de 1, melhor.

VIII
BRÓCOLIS & DIVIDENDOS

*O garoto senta-se diante da mesa na sala de jantar.
Seu prato de comida, pouco abaixo da linha de seu
queixo, tem uma porção de folhas e talos verdes.
Ele pergunta para a sua mãe:*

– *O que é isto?*

– *Brócolis. É uma delícia.*

– *Não gosto. Não quero!*

Seu pai entra na conversa:

– *Como você sabe que não gosta se nunca experimentou?*

Se você já foi criança ou educa uma, provavelmente se lembrará de cena parecida. Os brócolis estão entre os alimentos mais saudáveis de qualquer dieta sensata: fonte de vitaminas e sais minerais, são ótimos para regular a função do intestino, sendo ainda fonte de cálcio e potássio – o primeiro fortalece os ossos e o segundo ajuda a controlar a pressão sanguínea.

Com todas essas qualidades, você não vê um palhaço fazendo propaganda de brócolis na TV. É por isso que, se você perguntar o que aquele garoto deseja comer, a resposta será um *superlanche* alegre, repleto de sódio, conservantes, aromatizantes e corantes – como nunca antes se ingeriu na história deste país.

Sobre os brócolis não existem patentes de produção e franquias de distribuição. Quem compra uma porção de brócolis não se serve dela imediatamente: é preciso lavar, temperar e, muitas vezes, cozinhar no vapor para aumentar os benefícios do combate ao colesterol. Já o sanduíche de carne moída prensada vem prontinho para ser devorado. Quanto mais rapidamente devorado melhor, pois a mesa fica vaga para o próximo cliente.

Garoto-propaganda

Com investimentos e aplicações bancárias ocorre algo semelhante. Bancos contratam galãs e mocinhas das novelas para divulgar seus produtos sofisticados de capitalização, cheque especial, cartões de crédito ou débito, atendimentos personalizados e serviços digitais. No lugar do sódio e dos conservantes vêm a letrinhas miúdas dos contratos padronizados, com baixos rendimentos para quem deixa o dinheiro no banco e lucros altíssimos para quem paga o cachê dos bonitinhos.

O apresentador de TV, que passou anos divulgando um grande banco privado, agora é visto defendendo a maior corretora da praça, com suas taxas reduzidas e uma grande prateleira de acesso a produtos de renda fixa e fundos com alto custo de administração. A corretora oferece acesso ainda aos investimentos em renda variável, embora ninguém toque no assunto diretamente nas campanhas midiáticas.

Nada contra redes de *fast-food*, bancos e corretoras. Acreditamos no capitalismo e toda publicidade devidamente regulamentada é válida para manter os negócios – e os empregos – ativos. Porém, não podemos orientar nossos passos apenas pela influência externa que recebemos diariamente nesses meios de comunicação.

Papai sabe tudo

Em suma, confiar em pais que sabem do valor nutritivo dos brócolis é tão importante como ter senso crítico para saber investir com bons retornos.

Para investir com bons retornos, defendemos uma salada de empresas de capital aberto que pagam dividendos regularmente, bem como fundos de investimentos imobiliários, cuja função primordial é prover rendimentos mensais que preservem o capital investido.

O cartão do banco chega pelos correios após um telefonema, quase pronto para você usar: bastar liberar seu uso num caixa eletrônico. Ironicamente, não existem caixas eletrônicos para comprar ações de empresas ou cotas de fundos imobiliários. Você precisa fazer isso por conta própria, cozinhando em seu próprio fogão, ou seja, por meio de seu *Home Broker*.

Para quem não tem a verve de empreendedor, a forma mais saudável e segura para investir com retornos acima da média, no longo prazo, é através da Bolsa de Valores. Porém, não espere ver uma propaganda na TV sobre isso. Antes de um filme começar no cinema, nenhum ator famoso vai caminhar por um campo, fazendo de conta que conversa com você sobre usar a estratégia dos dividendos para obter uma aposentadoria realmente eficaz.

Quem planta brócolis não paga esse tipo de cachê. Quem opera na Bolsa, sendo adepto do *Value Investing*, também não.

Lembra-se do garoto na sala de jantar? Imagine que ele cresceu e descobriu os benefícios de investir na Bolsa de Valores. Já recebendo uma boa renda passiva mensal, ele resolve conversar com seu pai sobre o assunto – a Bolsa de Valores:

– *O que é isto?*

– *É o melhor lugar para investir a economia mensal.*

– *Não gosto. Não quero!*

– *Como você sabe que não gosta se nunca experimentou?*

O diálogo hipotético, mas verossímil, mostra que a história pode se inverter entre pais e filhos, expondo a dificuldade que muitos possuem em abordar um tema que parece tão complexo num primeiro momento. Nessas horas, é preciso não se comportar como um crente fervoroso, querendo apresentar sua fé para um estranho, levando uma porta na cara.

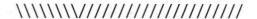

MEMORANDO # 08
Sobre os princípios de Décio Bazin para comprar e vender ações

Um dos livros mais importantes sobre a Bolsa no Brasil foi escrito por Décio Bazin: Faça fortuna com ações, antes que seja tarde. Ele preconizava que uma boa empresa era elegível para ter ações compradas se entregasse dividendos anuais de 6% em relação ao valor investido (Dividend Yield), com histórico consistente de pagamentos em linha com os valores apurados no ano mais recente.

Além disso, ele recomendava evitar aportes em empresas com endividamento excessivo (por exemplo, uma empresa que deve mais do que seu valor patrimonial) e que tivesse dados suspeitos em suas demonstrações financeiras.

Por fim, a venda da ação era premente em caso de notícias negativas que viessem a impactar os resultados da empresa.

Estudos realizados por duas consultorias distintas apontam que a estratégia simples de Bazin tem funcionado desde que seu livro foi publicado em 1992.

IX
TODO INVESTIDOR DE VALOR
É TAMBÉM UM INVESTIGADOR

A capacidade de observar, recolher dados relevantes e estabelecer associações entre causas e efeitos são características presentes nos melhores detetives e nos investidores mais eficazes do mercado de capitais. Mais do que espertos, estes são inteligentes.

Os telefones celulares modernos ganharam um nome em inglês: *smartphones* – que em português soariam como "fones espertos". "Esperto" é a definição correta para tais instrumentos, que ainda estão longe de serem aparelhos inteligentes.

Os *smartphones* são espertos, pois eles tentam adivinhar o que você está teclando e completam as palavras antes mesmo de você digitá-las inteiramente. Por vezes você escreve alguma palavra errada e o programa lhe sugere a correção ou, inadvertidamente, substitui-a por você.

Você pretende escrever "surpreendidos" e o termo surge na tela bastando digitar "surpree". Legal, que aplicativo esperto! Mas longe de ser inteligente. Digitamos a palavra em inglês "*template*" e a mensagem é encaminhada como "tem plateia". E toca a enviarmos outra mensagem com a palavra que queríamos realmente escrever. Droga, que aplicativo burro – e teimoso.

Porém, de vez em quando o *smartphone* promove associações interessantes para você. Já experimentou tentar escrever "investidor de valor" no seu aparelho? Pode ser que ele troque a expressão por "investigador". E não é que dessa vez faz sentido?

O verbo é prospectar

Todo investidor de valor é também um investigador. A diferença é que investigadores policiais – ou detetives particulares – investigam crimes diversos, ao passo que o investidor de valor investiga empresas, não para resolver o crime perfeito, mas para encontrar o investimento perfeito ou para se desfazer de uma posição antes que uma empresa se deteriore por completo.

Toda investigação, para ser bem-sucedida, deve começar por uma eficiente coleta de dados: todos que forem possíveis. Detetives primeiramente analisam a cena do crime. Investidores iniciam seus estudos, muitas vezes, pelo Balanço Patrimonial de uma empresa. Detetives reúnem indícios. Investidores reúnem indicadores financeiros.

Numa investigação policial, a reconstituição de um crime, a partir do relato de testemunhas e suspeitos, pode ajudar na elucidação dos fatos. Procedimentos semelhantes são verificados nas Demonstrações de Resultados de Exercícios e Demonstrações de Fluxos de Caixa, que contam a história contábil das empresas.

Na segunda fase das investigações, é feito um cruzamento de dados para a elaboração das hipóteses, que vão sendo descartadas comparativamente até que reste a alternativa mais provável.

Observações e associações

Logo, de bons investigadores se espera que tenham dois atributos essenciais: o primeiro é a capacidade de observação e o segundo, a capacidade de fazer associações inteligentes – não as associações espertas dos aplicativos de *smartphones*, que trocam apressadamente "cambagem" por "combatem".

Detetives espertos e apressados podem acusar o suspeito errado. Detetives inteligentes provam quem é o culpado. Investidores espertos e apressados podem ir à falência. Investidores inteligentes enriquecem no longo prazo.

> *"A Investigação é, ou deveria ser, uma ciência exata e, portanto, deve ser tratada da mesma forma fria, sem emoção"* – disse Sherlock Holmes para seu amigo, Doutor Watson, no conto "Um Estudo em Vermelho", de Sir Arthur Conan Doyle.

Fonte de inspiração

Sherlock Holmes é o detetive mais famoso da literatura policial. Seu criador era formado em Medicina e baseou parte da sua personalidade na figura de um de seus professores, o doutor Joseph Bell, um cirurgião que era capaz de relatar a profissão, o país de origem e até os vícios ocultos de um estranho observado na rua, em função de seu modo de se vestir, seu jeito de caminhar, seus gestos e suas expressões faciais.

A impressionante capacidade de tirar conclusões a partir de observações de pequenos detalhes emprestou a Holmes a fama de ser um mestre da intuição e da dedução. Porém, de acordo com Doyle, seu método intelectual era baseado no raciocínio abdutivo. A abdução, diferentemente da intuição e da dedução, é uma lógica filosófica usada para estabelecer hipóteses científicas através de relações de causalidades.

Este é um princípio que o investidor de valor inteligente deve empregar: identificar via raciocínio abdutivo as relações entre causas e efeitos, através das histórias que os números dos documentos contábeis das empresas revelam. Trata-se de pistas de como as companhias empregam seu capital, como se financiam, como fazem seu planejamento tributário e como se relacionam com as dívidas.

Os números não mentem

Por exemplo, se uma empresa tem a política de vender seus produtos somente à vista, mas paga seus fornecedores somente a prazo (causa), ela certamente vai operar com fluxo de caixa positivo (efeito).

O Balanço Patrimonial apontará em seu passivo circulante que a empresa gira seu capital baseado no compromisso com seus fornecedores.

A Demonstração do Resultado do Exercício apresentará o lucro gerado com as vendas e a Demonstração do Fluxo de Caixa indicará que o dinheiro das vendas ingressou na empresa, que poderá fazê-lo render ainda mais, antes de quitar as contas com os fornecedores.

O montante do capital investido também aparecerá no ativo do Balanço Patrimonial.

> *"Elementar, meu caro Watson"* – poderia dizer Sherlock Holmes. Apesar de o personagem nunca ter proferido tal frase nos contos de Conan Doyle, mas apenas em filmes e peças de teatro, ela faz muito sentido depois que um crime é elucidado ou um bom investimento é realizado. Tudo parece se encaixar perfeitamente depois da solução encontrada como consequência de um criterioso trabalho de investigação.

O fator humano

Holmes era tão perspicaz que resolvia certos enigmas sem sair de seu escritório no apartamento 221 B da Baker Street, em Londres. Em outros casos, ele arrastava seu amigo Watson para visitar a cena de um crime. Do mesmo modo, o investidor de valor é capaz de identificar uma oportunidade de investimento sem sair de sua escrivaninha, embora uma visita às instalações de uma empresa que seja objeto de estudo possa ser decisiva para avaliar a capacidade dos seus gestores e a organização do negócio.

Para tanto, investigadores nunca atuam sozinhos: ao longo do tempo eles constroem uma rede de relacionamentos que pode ser útil em diversas ocasiões futuras. A formulação de uma hipótese provável não é baseada apenas em indícios e indicadores, mas envolve fatores humanos, que somente cenas de crimes e documentos contábeis não entregam.

Holmes ficava absolutamente entediado quando não tinha um caso para resolver. Igualmente, um investidor de valor sente-se aborrecido quando prospecta a oportunidade de um negócio que não pode ser realizado quando o mercado financeiro ingressa num ciclo de alta, deixando as ações caras demais.

Estudar sempre

O remédio para os momentos de calmaria é continuar estudando. Os melhores investigadores, capazes de concatenar associações inteligentes, fazem isso baseados numa cultura geral e no repertório adquirido através da leitura constante, principalmente.

> Se nos romances policiais são enxertados aspectos de aventura e emoção – com o uso de disfarces, perseguições e armadilhas, entre outros expedientes para surpreender o leitor com viradas mirabolantes no enredo –, no mercado financeiro o que os acionistas de longo prazo buscam é a mesmice dos retornos previsíveis e ininterruptos. Nisto, detetives da ficção e investidores da vida real divergem diametralmente.

MEMORANDO # 09
Sobre os principais indicadores de boas ações

Não há consenso sobre parâmetros para analisar os indicadores fundamentalistas de uma ação, mas existem números convergentes que agradam a grande parte dos analistas. Entre eles, está a relação entre preço e lucro de uma ação (P/L), que, se for inferior a 20, enquadra-se nos princípios do Value Investing.

Já se o ROE da empresa – ou RPL, que significa "Retorno sobre o Patrimônio Líquido" – for maior que 10%, a ação igualmente fica atrativa. Como liquidez é importante, uma ação que movimente menos do que o equivalente a um apartamento de classe média por dia deve ser vista com ressalvas. Por fim, uma empresa deve ter histórico positivo de crescimento de sua receita líquida nos últimos cinco anos.

Uma empresa que atenda a todos esses critérios, além de um Dividend Yield mínimo de 6%, é séria candidata a figurar na carteira de investimentos de alguém com perfil defensivo, que visa ao longo prazo.

Como indicadores indicam, mas não determinam o sucesso de uma ação, investigar a qualidade dos gestores da empresa é essencial.

X
INDICADORES SEM ANÁLISES SÃO INFORMAÇÕES VAZIAS

Há milênios os seres humanos aprimoram ferramentas e procedimentos para medir grandezas e estabelecer padrões de comparação em diversas atividades. No mercado financeiro não seria diferente, mas os resultados esperados das decisões dependem de análises apuradas.

O paciente arde em febre durante a longa madrugada. A enfermeira vem ao seu leito de hora em hora para medir sua temperatura, ministrando doses de antitérmicos conforme o resultado apontado pelo termômetro. Ela só descansa quando a temperatura fica abaixo dos 37 graus Celsius. A dosagem do remédio é controlada após a análise do indicador da temperatura de quem precisa de cuidados.

Quem dirige um carro lida com indicadores o tempo todo. No painel junto ao volante costumam ser indicados, por exemplo, a velocidade, as rotações por minuto e a temperatura do motor, o nível de combustível no tanque e a pressão do óleo.

Não basta saber que o carro está se deslocando a 75 km/h: é preciso frear para respeitar os 60 km/h apontados pelas placas como limite da via em questão. Se as RPM estão altas demais, está na hora de passar a marcha para cima ou tirar o pé do acelerador. Se a gasolina está na reserva, é melhor abastecer o veículo.

Estas são algumas decisões que o motorista toma após prestar atenção nos indicadores citados.

Logo, os indicadores são úteis, mas não resolvem as questões por si sós. Conhecer os parâmetros é fundamental para analisá-los e tomar as decisões necessárias.

Contabilidade padronizada

A cada trimestre, as empresas de capital aberto são obrigadas a publicar seus Balanços Patrimoniais (BPs), Demonstrações de Resultados de Exercícios (DREs), e Demonstrações de Fluxo de Caixa (DFCs). A partir desses dados, os especialistas do mercado financeiro extraem os indicadores fundamentalistas das empresas.

Em termos comparativos, esses indicadores revelam parte da saúde de um negócio e a que velocidade ele está girando. A grande diferença é que estabelecer parâmetros para uma análise mais apurada envolve uma série de informações mais complexas, sobre as quais um analista não pode ser rígido demais.

Ao contrário do motorista, que reage imediatamente a qualquer indicador no painel de um carro, o analista financeiro produz um relatório de investimento, procurando embasar seus argumentos para extrair uma conclusão. Para tanto, não basta fiar-se nos parâmetros básicos dos indicadores, mas é preciso conhecer o histórico da empresa, seu campo de atuação e a qualidade de sua gestão.

O ROIC dos bancos e das *holdings*

Por exemplo, um dos indicadores mais considerados por investidores de longo prazo é o ROIC ou retorno sobre o capital investido. Empresas que apresentam um ROIC superior a 10% seriam as mais indicadas para o prosseguimento das análises. Porém, se a opção de um aporte depender somente desse fator, as ações de bancos e das *holdings* ficarão de fora da carteira do investidor.

Ocorre que empresas do segmento financeiro não operam com EBITDA – Lucros antes de juros, impostos, depreciação e amortização –, mas apenas com resultados financeiros. Como a fórmula de cálculo do ROIC envolve o NOPAT, que simplificadamente é o lucro operacional da empresa descontado dos impostos, não há como apontar este indicador corretamente. A despeito disso, são empresas com enorme potencial de lucro e recorrente distribuição de dividendos. Portanto, ignorá-las pela ausência do ROIC é um erro.

Alavancagem elevada

Outro indicador que investidores mais defensivos levam em conta é a relação entre a Dívida Bruta e o Patrimônio Líquido. Neste caso, não é recomendável que o resultado seja maior do que 1 – em outras palavras, a empresa não pode dever mais do que ela vale. No entanto, levar este parâmetro ao pé da letra para empresas geradoras e transmissoras de energia pode não ser muito produtivo.

As empresas que operam no setor de energia elétrica devem investir capital intensivo na composição de seus ativos, que são baseados em usinas hidrelétricas, termoelétricas, de painéis solares ou de fonte eólica. As linhas de transmissão também são estruturas muito caras para serem instaladas. Porém, estabelecidas as condições normais de operação, são empresas de retornos constantes e previsíveis no longo prazo, pouco sujeitas a perda de mercado.

A informação isolada não gera conhecimento

A Internet revolucionou o modo como as empresas são avaliadas e ajudou a multiplicar os agentes envolvidos nesse processo. *Sites* divulgam indicadores financeiros das empresas abertamente e isso gera uma falsa noção de simplicidade na tarefa de escolher as melhores ações para investir.

Esse é um fenômeno visto também na medicina. A pessoa dirige-se a um consultório para fazer um *check-up* anual e o doutor lhe prescreve uma série de exames a partir da coleta do sangue e da urina. Assim que os laboratórios divulgam os resultados, já com os parâmetros mínimos e máximos para vários indicadores de saúde, como nível de colesterol, creatinina, ácido úrico, glicose, triglicérides, entre outros, o sujeito tenta interpretar os dados antes de marcar a consulta de retorno com o médico.

Folheando os resultados normais, o curioso pode pensar: "Ser médico é fácil, basta pedir uns exames e ver o que está fora do intervalo recomendado – até eu posso ser médico". Então na sétima página vem um resultado anormal: a elevada presença de leucócitos e hemácias na urina.

Uma consulta no Google e o elemento descobre que tem sangue na urina. Então ele se apavora: vai dormir achando que tem um câncer na bexiga ou que seus rins pararam de funcionar. Ele já se vê fazendo hemodiálise. Um pesadelo. Logo de manhã ele tenta um encaixe na clínica.

O médico finalmente analisa os resultados e o tranquiliza: o paciente tem apenas uma infecção urinária. Prescreve-lhe um antibiótico para ser tomado durante uma semana, ao fim da qual os exames serão repetidos.

– *Doutor, consultei os resultados no Google e fiquei apavorado.*

– *O Google faz um ótimo trabalho: ele deixa as pessoas preocupadas e elas vão aos médicos: isso é bom – responde o profissional de saúde.*

Do mesmo modo, investidores da Bolsa de Valores sem experiência em análise de ativos, e sem embasamento para tirar as próprias conclusões, não deveriam confiar apenas no que a Internet tem para oferecer. Ela está repleta de doutores e analistas desqualificados, sendo por vezes difícil distingui-los dos bons profissionais. Contar com o respaldo de um analista profissional com CNPI – Certificado Nacional do Profissional de Investimento – é o caminho correto para seguir. Somente um analista certificado pela Apimec – Associação dos Analistas e Profissionais de Investimento do Mercado de Capitais – pode analisar e recomendar publicamente alguma empresa listada na Bolsa de Valores de São Paulo.

A importância de prevenir

As empresas publicam seus *check-ups* a cada três meses, na forma de demonstrações financeiras. Se todas as pessoas físicas fizessem o mesmo, elas quebrariam os sistemas público e privado de saúde. Mas qual seria a importância de uma empresa fazer um *check-up* a cada três meses?

A resposta é que os BPs, as DREs e as DFCs podem apontar sintomas de que algo não vai bem com a empresa, oferecendo suporte para os gestores tomarem as providências necessárias para recolocar o negócio no rumo certo ou avisar ao investidor que está na hora de deixar a embarcação. Algo semelhante acontece no caso da pessoa que descobre uma doença grave em seu estágio inicial, facilitando o seu tratamento e aumentando as chances de cura.

> Mesmo quando todos os indicadores estão dentro de parâmetros recomendados, observar a conjuntura é uma premissa. Uma empresa pode estar voando nos indicadores fundamentalistas, mas atuar num setor de risco ou depender de um monopólio que pode ser quebrado sem aviso prévio, acabando com suas vantagens competitivas.

Paralelamente, os setores de Recursos Humanos das firmas não contam apenas com o exame médico de admissão para aprovar um novo empregado.

Um jovem pode ser capacitado para o trabalho e gozar de plena saúde de acordo com os exames, mas, se tiver comportamentos de risco, como dirigir embriagado e fazer uso ocasional de entorpecentes, ele pode causar prejuízos futuros para a organização, que investigará até as suas redes sociais antes de aceitá-lo no quadro de funcionários.

Ratificando

Deste modo, resta para o momento fazer duas recomendações: para cuidar da sua saúde, consulte seu médico regularmente; já para cuidar de seus investimentos, consulte um analista financeiro regulamentado. Com saúde e com investimentos não se brinca.

MEMORANDO # 10
Sobre a importância da margem de segurança

Vários analistas profissionais recorrem ao Valuation *para tentar definir a cotação justa de uma ação, quando hipoteticamente o preço da ação se aproxima do real valor da empresa.*

Após determinar o que eles consideram o preço justo da ação, uma vez que a cotação fique abaixo deste preço, estaria estabelecida a margem de segurança para investir na empresa. A tendência, no longo prazo, é que o preço da ação acompanhe o seu real valor.

Como cada analista usa premissas diferentes, muitas vezes os preços justos das ações que eles divulgam são desencontrados. Neste caso, cabe ao investidor ponderar qual analista é mais confiável e ostenta um bom histórico de acertos.

Um modo menos complicado de verificar a margem de segurança de uma empresa é recorrer aos ensinamentos de Décio Bazin: somar todos os proventos (dividendos e juros sobre capital próprio – JSCP) entregues nos últimos doze meses, por ação, e multiplicar por 16,67. O resultado é o preço máximo da ação, para que ela renda 6% ao ano na forma de proventos (Dividend Yield).

Portanto, a margem de segurança por esse método é gerada quando a relação entre a cotação da ação e seus proventos anuais for inferior a 16,67.

XI
O SOLENE MOMENTO DO APORTE

Fazer um aporte em Bolsa de Valores pode ser trivial para muita gente que compra e vende ações diariamente. Mas para certos investidores de longo prazo, que concentram suas operações para otimizar recursos, fazer um aporte é um ritual de prosperidade.

Em sua estratégia, ele definiu que faria apenas um aporte por mês na Bolsa de São Paulo, no melhor ativo que julgasse disponível. Deste modo, economizaria com transferências bancárias, taxas de corretagem e emolumentos. Na única nota fiscal da corretora, ficaria fácil registrar os gastos para descontar numa eventual alienação futura, visando economia no pagamento de impostos.

Um aporte por mês. Não tem como um momento assim ser trivial. Na véspera da operação, uma compreensível ansiedade alimenta a insônia do poupador de recursos, que protela um fim de semana na praia para inteirar a quantia de dinheiro suficiente para arrematar mais um lote de ações para sua carteira.

A esposa vai dormir logo depois da pequena filha, que já ganha uma moeda por dia para guardar em seu cofrinho da Ladybug. Mas ele vai para a sala, abre uma gaveta e encontra o DVD com o filme *As 24 Horas de Le Mans* – um clássico de 1971 estrelado por Steve McQueen.

Misto de ficção e documentário, seu enredo tem pouquíssimos diálogos e muita ação na pista. A corrida de Le Mans é tão longa que só pode ser vencida com o revezamento de pilotos. Quem larga de face lisa recebe a bandeirada com a barba aflorando nos poros.

O ronco dos motores e os fachos de luz dos faróis dos bólidos que rasgam a madrugada oferecem um prazer incompreensível para quem não se entusiasma por carros de corrida.

A certa altura da história, uma repórter interpela o protagonista, um piloto obstinado e interpretado com extrema verossimilhança, emprestada pelo *alter ego* do ator – supracitado:

– *Mas por que é tão importante dirigir mais rápido que todo mundo?*

Sua resposta é um deleite para quem não precisa de justificativas para nutrir uma paixão que parece irracional:

> – *Muitas pessoas passam a vida toda fazendo coisas mal-feitas. Pilotar é importante para as pessoas que o fazem bem. Quando você está pilotando em corrida, bem... é a vida. O que acontece antes ou depois é apenas espera.*

O ritual

O dia amanhece. As horas a menos de sono parecem não ter interferido na vontade de se levantar. Há meses o investidor vem aportando recursos na mesma companhia. Naquele dia, mais uma operação de compra seria feita.

Enquanto sorvia o café, ele se lembrava do baixo P/L da empresa. O P/L expressa a relação entre o preço da ação dividido pelo lucro da ação: quanto menor o resultado da fração, tanto melhor.

O *Dividend Yield* indicava que o retorno esperado para o investimento, independentemente da eventual valorização do papel, já era quase o dobro do que a renda fixa estava ofertando no mercado. Outro indicador favorito seu, o ROE (Retorno sobre o Patrimônio Líquido), parecia entregar as RPM de um Mercedes no fim da reta oposta de Interlagos.

Excelente liquidez. Dívida inexistente. Crescimento positivo nos últimos cinco anos. Apesar de todos os fundamentos redondos, a cotação da empresa vinha caindo semana após semana, como se um Ferrari estivesse sendo vendido a preço de Alfa Romeo. Cotações em baixa assustam muita gente. É como correr na chuva: alguns freiam enquanto os destemidos continuam acelerando.

A porta do escritório é fechada. O aparelho de telefone celular é silenciado. Ele acessa o *Internet Banking* e verifica que o depósito aguardado já estava na conta. Feita a contabilidade pessoal, parte do dinheiro é reservada para o pagamento de contas futuras, outro montante vai para a reposição do colchão de emergência da família. O valor principal segue em forma de TED para a corretora.

Minutos depois o *Home Broker* é aberto. O coração bate um pouco mais forte. Não precisava ser assim, mas ele sabe que isso é incontrolável. A ordem de compra é aberta. O código da ação é digitado. A senha também. Imediatamente a ordem aparece como executada na rolagem da página. Esse ritual lhe é tão caro que talvez ele devesse se postar de pé e escutar o Hino Nacional antes de iniciá-lo.

Missão cumprida

Uma sensação de alívio acalma o sujeito. Menos tenso, ele se sente mais poderoso: acabou de aumentar sua participação numa grande empresa. Surge a vontade de acender um charuto, embora não se lembre da última vez que fez isso. Aquele procedimento lhe valerá bons retornos por tempo indeterminado. Seu mês estava ganho e a gratidão pelo dever cumprido lhe remunerava em seu âmago.

Almoçando com a esposa, ele revela que comprou mais um pedacinho de sua empresa favorita. Ela, embora confie no marido, não compreende seu interesse frequente pelo assunto:

– *Você tem certeza de que está fazendo a coisa certa? Não consigo entender isso.*

Com a memória do filme fresca na mente, ele confidenciou:

– *Muitas pessoas passam a vida toda fazendo coisas malfeitas. Investir é importante para as pessoas que o fazem bem. Quando você está realizando um aporte, bem... é a vida. O que acontece antes ou depois é apenas uma longa preparação.*

MEMORANDO # 11
Sobre o Home Broker
para acessar a Bolsa remotamente

A Bolsa de São Paulo, assim como outras Bolsas ao redor do mundo, opera basicamente através de Home Brokers, *que são programas que corretoras e bancos oferecem para investidores negociarem os ativos pela Internet.*

Antes de começar a investir, quem é novato deve pesquisar os custos de operação entre as corretoras e bancos, que costumam cobrar taxas para cada compra ou venda de ativo. Além dos custos, a confiabilidade e a eficiência da instituição também devem ser analisadas.

Por comodidade, alguns investidores operam na Bolsa a partir do

Internet Banking *do próprio banco onde possuem conta corrente. Porém, quem opta por abrir conta em corretora deve fazer uma transferência de recursos entre o banco e a corretora, antes de efetuar o aporte.*

O programa de Home Broker *pode guardar variações entre corretoras e bancos, mas essencialmente ele possibilita abrir uma ordem de compra ou venda de ativo de renda variável.*

Para tanto, deve-se digitar o código do ativo em questão. Por exemplo, o código da ação da AmBev é ABEV3 e o código da cota do Fundo de Investimentos Imobiliários Maxi Renda é MXRF11, lembrando que, em termos práticos, as cotas dos FIIs são equivalentes às ações das empresas.

A seguir, o operador especifica o valor da ação que deseja comprar ou vender, bem como a quantidade. Antes de efetuar a ordem, mediante uma assinatura eletrônica (senha) específica, ele também define o seu prazo de validade, que pode ser imediato, de um dia ou até de um mês.

Assim que a ordem é executada, ela constará no extrato da corretora ou banco. Posteriormente, uma nota de corretagem será gerada, pois a Bolsa de São Paulo (B3) também cobra emolumentos por cada transação, com eventual retenção de impostos municipais e federais.

XII
INVESTIR REGULARMENTE:
A SOLUÇÃO PARA TODAS AS CRISES

Um dos grandes desafios para quem investe pela Bolsa de Valores é manter o equilíbrio independentemente dos acontecimentos sobre os quais não se tem grandes margens de manobra. Estabelecer uma estratégia vencedora e se manter fiel a ela é primordial.

Jornais noticiam que a Argentina vive uma nova turbulência financeira, com profunda desvalorização da moeda nacional e a proximidade de uma situação de insolvência. Como os *hermanos* importam muitos carros do Brasil, analistas acreditam que pode haver um reflexo negativo na economia brasileira. Nossa moeda também se desvaloriza. Investidores estrangeiros tiram dinheiro do nosso mercado de capitais. As ações de várias empresas caem.

Se você é um investidor pessoa física – como também sou –, pergunto-lhe: o que podemos fazer com relação a isto?

Você tem ações de uma empresa transmissora de energia no Brasil? O que essa companhia pode fazer pela Argentina?

O ditador da Coreia do Norte ensaia uma leve aproximação com os democratas da Coreia do Sul. Um encontro com o presidente dos Estados Unidos é anunciado e suspenso logo depois, em função de exercícios militares entre países aliados na região. O clima de tensão continua.

No Oriente Médio, Israel comemora sete décadas de fundação de seu Estado moderno, embora seu povo tenha tradição de quase quatro milênios nas margens do Mediterrâneo. Conflitos de proporções bíblicas com os palestinos continuam sem qualquer sinal de resolução definitiva.

Bolsas ao redor do mundo sobem e descem sem parar. E nós? O que podemos fazer de concreto com relação a esses fatos?

Você investe em fundos imobiliários? O que um *shopping center* que lhe entrega proventos mensais pode fazer para resolver disputas bélicas de terceiros, em outros continentes?

Abrigo na tormenta

Estamos lidando com duas escalas para enfrentamento de situações que envolvem terceiros: o indivíduo incapaz de resolver parte dos próprios problemas e grandes organizações de sólidos fundamentos, com prioridades centradas no próprio ramo de atuação.

Diariamente tragédias acontecem em algum lugar. O mercado, que já foi comparado a um elemento irracional e bipolar, reage a tudo, como se fosse um sujeito alérgico a um sopro de vento. Quando os veículos de comunicação dão vazão às notícias negativas, estão alimentando um furacão que nos cerca em velocidade cada vez maior.

Estamos no olho do furacão. Se olharmos apenas para cima, não veremos sinais da grande tempestade, mas, se deixarmos o furacão nos tocar, quem sabe para onde seremos levados?

> Certos profetas do Apocalipse do mercado financeiro conhecem muito bem o medo que toma conta de investidores que se deixam levar por notícias negativas e exploram isso para ganhar dinheiro. Eles oferecem fórmulas secretas e alternativas mirabolantes para que as pessoas possam se proteger de mais uma crise que se aproxima. Esse pessoal vende guarda-chuvas depois que já começou a trovejar.

Fortalezas servem para proteger

Porém, quem está acostumado a lidar com furacões sabe que isso não é suficiente. Os norte-americanos que moram em regiões sujeitas à passagem de furacões constroem casas sobre porões de alvenaria e concreto armado. Quando uma tempestade se aproxima, muitos não abandonam suas casas, mas se protegem nos porões – que nada mais são que o ambiente de uma residência ligado às fundações.

Portanto, o que um investidor individual precisa fazer para se proteger não só da próxima, mas de todas as crises, é se ligar a empresas e fundos imobiliários de sólidos fundamentos. A maneira mais eficiente de realizar esse procedimento é fazer aportes regulares na Bolsa de Valores, na melhor ação de empresa ou cota de fundo imobiliário de cada momento.

Não importa se a Bolsa está cara demais ou barata demais. Sempre haverá uma oportunidade de comprar ativos que estejam com preços descontados. O maior desafio é saber quais são estes ativos e para isso existem as casas independentes de pesquisas sobre investimentos.

Aqui apresento um ponto de vista pessoal. A estratégia de investimentos que adoto, a seguir, deve ser considerada como uma referência de auxílio para tomada de decisões, e não como uma imposição de regras, dado que cada investidor tem um perfil específico. Prezo por agir de acordo com aquilo que falo, sempre com o objetivo de colaborar com pessoas que estão na mesma jornada em busca da independência financeira.

Um tijolo de cada vez

Ao me reconhecer como investidor defensivo no espectro da renda variável, defini a estratégia de realizar um aporte por mês.

Antes, consulto regularmente as carteiras da casa de análise da qual sou assinante. A partir delas, faço minhas análises, para verificar quais ativos estão com o preço abaixo do teto recomendado e, dentre eles, qual ativo tem maior potencial de gerar renda passiva.

Passo mais tempo estudando a próxima compra, lendo os relatórios preparados por especialistas e me desenvolvendo como investidor do que propriamente acompanhando o desempenho da minha carteira ou verificando as cotações dos meus ativos prediletos.

Em suma, valorizo os indicadores fundamentalistas das empresas, bem como o seu histórico de pagamentos de dividendos e dos juros sobre o capital próprio. Verifico a taxa de crescimento de cada operação, como reflexo da qualidade da gestão, e descarto empresas muito endividadas, mesmo quando pagam proventos elevados.

No caso dos fundos imobiliários, evito cotas baseadas em imóvel alugado para apenas um inquilino. Dou preferência para a diversificação entre fundos que operam com imóveis que servem vários clientes, além dos fundos que investem em papéis atrelados ao mercado imobiliário.

Por fazer compras conscientes na Bolsa de Valores, não me importo mais se as cotações dos ativos vão subir. Se elas descerem, sem que isto signifique perdas de fundamentos, eu comemoro e compro mais, sempre que possível.

O destino é mais importante que o meio de transporte

Meus aportes são apoiados em duas pernas: uma responde pelo dinheiro poupado no mês e a outra responde pelos proventos recebidos do mercado, que serão reinvestidos. A renda obtida no trabalho representa a oxigenação do sistema e a renda passiva realimenta o poder dos juros compostos.

Por vezes recebo dividendos extraordinários e acabo quebrando a regra de um aporte por mês, realizando operações adicionais. Porém, em média, fico no *Home Broker* da corretora menos de cinco minutos por mês.

Para mim, o *Home Broker* é apenas um veículo que prefiro deixar estacionado na garagem, na maior parte do tempo. Embora goste tanto de dirigir como de investir, sei que se ficar o dia inteiro no *Home Broker* queimarei combustível demais, girando minha carteira sem necessidade e deixando mais comissões na mesa da corretora, emolumentos para a B3 e eventualmente impostos para o governo. Fora o risco de me envolver num acidente.

Aprendendo com a vida

Com duas décadas de experiência no mercado imobiliário, na renda fixa e há alguns anos na renda variável, aprendi que furacões, assim como crises agudas, são eventos passageiros.

As pessoas continuam crescendo, namorando, casando-se e tendo filhos, independentemente dos acontecimentos. As empresas continuam buscando lucros e os fundos imobiliários continuam entregando proventos. Então, continuo investindo.

É bom estocar mantimentos no porão, para esperar o furacão da vez passar? É lógico que sim.

Por isso devemos ter reservas de capital fora da renda variável. Não devemos colocar na Bolsa um dinheiro que poderá fazer falta no curto prazo.

Eleições abrem janelas de oportunidades

As más notícias continuarão chegando diariamente. Por exemplo: quando eleições se aproximam, a volatilidade toma conta do mercado, que obviamente tem seus candidatos favoritos. Se estes candidatos lideram as pesquisas, o mercado se anima e os ativos encarecem. Fica mais difícil selecionar bons ativos para investir.

Por outro lado, se os candidatos antipáticos ao capitalismo se tornam protagonistas, o mercado se assusta e as ações caem, assim como algumas cotas de fundos imobiliários que, por natureza, são mais estáveis. Para quem estuda os fundamentos dos papéis, fica claro que uma janela de oportunidades se abre.

> De prático, um investidor isoladamente não pode mudar os rumos de uma eleição. Como estamos numa democracia, ele só tem direito a um voto. Mas, se ele tem um ofício, é deste ofício que ele tem que se ocupar primordialmente. Se ele fizer bem a sua parte, a sociedade só terá a ganhar.

Como o capitalismo oferece suporte para a democracia e fora da democracia não existem possibilidades dignas de progresso para uma nação no longo prazo, qualquer político eleito no Brasil atualmente sabe que, se as forças do mercado forem ignoradas, não haverá cenário viável para a próxima campanha.

> Então, o que mais um investidor pode fazer, além de votar e desempenhar bem o seu trabalho? Um belo aporte.

MEMORANDO # 12
Sobre fazer aportes concentrados

Para atrair mais clientes investidores, os bancos e as corretoras en-

traram num processo competitivo que vem derrubando os valores das comissões cobradas por operação de compra e venda de ativos na Bolsa. Em alguns casos, certas instituições trabalham com taxa zero, embora a B3 siga cobrando emolumentos.

Isto não significa que o investidor que disponha de recursos poupados mensalmente deva pulverizar seus aportes em vários ativos. Deve-se tomar cuidado para que os custos de transação não superem 1% do valor total envolvido no negócio.

Por isso, concentrar aportes em uma ou duas compras por mês é melhor do que fazer cinco ou seis compras no mesmo período. No longo prazo, a diferença pode ser muito grande. O mesmo se aplica para operações de venda.

A difusão de aportes no mesmo mês só se justifica quando um grande volume de dinheiro está em jogo como, por exemplo, o valor equivalente a um imóvel, a uma indenização trabalhista ou até mesmo a um carro.

XIII
A CONTADORA DA BOLSA

101 Perguntas e Respostas Sobre Tributação em Renda Variável *vem para dirimir as dúvidas mais comuns que os investidores, especialmente os novatos, têm com relação ao correto pagamento de impostos para a Receita Federal.*

Você já fez aulas de natação? O professor te pede para fazer dez piscinas. Ao completar a última, com os braços já dormentes de tanto esforço, ele diz que você tem gás para mais uma. *"Vamos lá!"* – exclama sem parar. Ele quer tirar o melhor de você. É o trabalho dele. Assim é a relação de quem escreve um livro com o seu editor. No final do dia todos estão cansados, mas aliviados quando sabem que fizeram um bom trabalho.

A borda da piscina é o prazo final para a entrega de um livro. Se estivéssemos em alto-mar, que livro seria publicado?

Posto isso, apresento a vocês o primeiro livro de Alice Porto, a Contadora da Bolsa, que faz sucesso no YouTube e no Instagram dirimindo as dúvidas de investidores em renda variável sobre tributação, que não por acaso, se chama *101 Perguntas e Respostas Sobre Tributação em Renda Variável* (disponível no formato *ebook*).

Aquela última piscina depois das dez combinadas com o técnico é um belo posfácio com orientações gerais sobre a Declaração de Imposto de Renda de Pessoa Física – DIRPF. Desta forma, o livro reúne o suprassumo da especialidade da Contadora da Bolsa, que desde 2008 trabalha com registros, cálculos e prestações de contas relacionados com operações de compra e venda de ativos no mercado financeiro.

Um livro para todos os perfis de investidores

Como uma atleta dedicada, que preza por sua imagem além da sua atividade mestra, Alice Porto se reporta a todas as torcidas, sem preconceitos. Seu livro esclarece dúvidas de adeptos de *Day Trade* e *Swing Trade*. Se o investidor compra pensando no lucro da venda ou se abraça o ativo para geração de renda, tanto faz: encontrará guarida nessa obra. O mesmo vale para quem prefere ações de empresas ou cotas de fundos imobiliários. Quem opera com opções, futuro, dólar, índice; quem torce pelo Atlético ou Cruzeiro; não importa: o livro aborda situações para todos os gostos entre aqueles que possuem CPF cadastrado na B3.

Porém, como editor do livro e adepto do *Value Investing*, reservome o direito de abordar a primeira obra da Contadora da Bolsa, nestas linhas, com o foco em investidores de longo prazo que, assim como eu, compram ativos para abraçar – até que os fundamentos nos separem.

Na condição de primeiro leitor do livro, foi muito reconfortante saber que os *holders* desfrutam de uma grande vantagem em sua abordagem mais defensiva, dentro de uma classe de investimentos mais agressiva por definição: eles têm menos trabalho para registrar, calcular e prestar contas sobre suas movimentações para a Receita Federal.

Novatos: que caminho seguir?

Serei mais específico ainda, direcionando-me a quem está começando a investir por meio da Bolsa de Valores agora mesmo. Se você está deslumbrado com o potencial do mercado de capitais, pare para pensar:

Qual a razão de, ainda no primeiro ano, sair abrindo conta em três corretoras diferentes? Uma oferece taxa zero para fundos imobiliários, outra oferece taxa zero para ações e a terceira oferece taxa zero para Tesouro Direto. Ok. São três informes de rendimentos para guardar, fora os extratos mensais para conferência.

Para que fazer tantas operações pulverizadas num mês? Comprando vários ativos no mesmo dia ou até misturando compras com vendas, gerando emolumentos para a B3 e IRRF – Imposto de Renda Retido na Fonte. Haja notas de corretagem para guardar. Haja contas para apurar lucros ou prejuízos. Lucros não isentos obrigam o investidor a gerar e pagar DARF. Prejuízos devem ser informados para eventual compensação futura.

Finalmente, será que vale a pena fazer uma diversificação muito ampla ainda no primeiro ano? Trinta, quarenta ativos. Em março do ano seguinte começam a chegar os respectivos informes de rendimentos dos ativos presentes na carteira do investidor no dia 31 de dezembro do ano corrente. Uma bela papelada que vem pelos Correios. Pior quando não vem.

É aí que o investidor novato – e desavisado – fica desesperado, com um monte de informações para organizar, revisar e processar. Como é a primeira vez que fará a declaração de seus investimentos em renda variável, bate a ansiedade. É nesse momento que as orelhas dos *youtubers* que falam que a Bolsa é legal começam a esquentar.

Momento de aprendizagem

A primeira DIRPF de um investidor após seu ingresso na Bolsa é um grande momento de aprendizado. Então, se ele tiver menos movimentações e menos ativos para lidar, terá mais facilidade para aprender o modo correto de proceder com essa obrigação e, aí sim, poderá ampliar sua carteira e assumir compromissos com mais instituições. Para tanto, o livro da Contadora da Bolsa será de grande valia.

Está começando a investir agora? Vai por mim: tenha calma. Faça apenas uma compra por mês, do melhor ativo que estiver disponível na Bolsa. Não sabe qual? Consulte uma casa independente de análise de ativos de renda variável.

> Uma compra por mês: uma nota de corretagem para guardar. Faça isso por apenas uma corretora que tenha um perfil equilibrado em todas as modalidades de investimento.

> Compre para abraçar e não para vender. Se não precisar vender um ativo, não terá de apurar eventual lucro ou prejuízo. Um DARF a menos para gerar. Um DARF a menos para pagar. Nada de prejuízo para compensar no futuro.

Cedo ou tarde, seu ativo vai gerar renda passiva. Isso é ótimo. Vá guardando os extratos mensais da corretora. Eles serão úteis quando o informe de rendimentos relacionado a esse ativo chegar. Ficará mais simples conferir os dados.

Ao comprar o melhor ativo do mês, dificilmente a sua diversificação de ativos será muito extensa no primeiro ano. Perfeito. Menos linhas para preencher na DIRPF. Você aprende mais fácil e depois ficará mais simples ampliar seu portfólio a partir do segundo ano, caso seja necessário.

Conselhos não são regras ditadas

> Você precisa seguir minhas orientações? Não, claro que não. Apenas compreenda isso como boa vontade de alguém que deseja te ajudar. Um desejo compartilhado pela Alice Porto em seu primeiro livro.

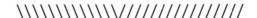

MEMORANDO # 13
Sobre a importância de cuidar pessoalmente da tributação

Você pode até contratar um profissional de Contabilidade para cuidar de suas movimentações em Bolsa e para efetuar as declarações anuais de imposto de renda. Porém, em última instância, o responsável por essas informações será você mesmo.

Então, mesmo que você delegue essa tarefa para terceiros, sinta-se obrigado a ter domínio do assunto para revisar o trabalho prestado, antes que ele seja formalizado nos DARFs e DIRPFs da sua jornada de investimentos.

Para tanto, a leitura do livro da Contadora da Bolsa, 101 Perguntas e Respostas Sobre Tributação em Renda Variável, é absolutamente recomendável, além do Perguntão da Receita Federal, disponível na Internet e atualizado a cada ano – basta procurar através de seu buscador predileto.

XIV
A CASA PRÓPRIA É UM
BOM INVESTIMENTO?

Entre aqueles que buscam a independência financeira, há um tema polêmico que, de tempos em tempos, entra em voga nos debates em fóruns e grupos de redes sociais: a relação entre a casa própria e a busca pela plena aposentadoria no longo prazo.

O educador financeiro Marcelo Veiga chamou a atenção do público focado em investimentos ao divulgar um vídeo denominado "Comprar casa é para otário" – no qual ele repercute o conteúdo de uma publicação norte-americana elencando as razões para não se investir na aquisição da casa própria.

A ressalva que se faz para os argumentos de Veiga é que ele se refere ao financiamento da compra da casa própria, que amarra os adquirentes por muitos anos, em função das parcelas que podem comprometer até um terço da renda familiar. A abordagem do tema, porém, não é completa, pois não menciona aqueles que decidem construir uma casa – alternativa em que muitas vezes a economia supera os 30% em relação à aquisição de imóvel pronto.

Em outras ocasiões, Marcelo Veiga afirma que deu um grande salto em direção à sua independência financeira ao se desfazer de um financiamento imobiliário. Temos outro exemplo nessa linha: o fundador da Suno Research. Tiago Reis, embora tenha atingido a independência financeira antes dos 30 anos de idade, ainda prefere pagar aluguel para morar em São Paulo.

Minha opinião sobre esse tema é suspeita, pois antes de me tornar colaborador da Suno já contava com quase duas décadas de experiência como arquiteto que desenvolve projetos residenciais. Portanto, buscando ser o mais imparcial possível, não apresentarei meu parecer antes de citar as referências mais importantes que temos neste assunto, que encontramos nos livros voltados ao tema da prosperidade e na trajetória de grandes investidores.

Liquidez como vantagem estratégica

Max Gunther, autor de *Os axiomas de Zurique*, considera que preservar a capacidade de mobilidade é importante para o especulador – que ele faz questão de igualar ao investidor. No sexto grande axioma, justamente sobre a mobilidade, ele relata o que ocorreu com um casal que relutou em vender a casa própria após a quitação de uma hipoteca.

Apegado às raízes e às lembranças familiares, o casal demorou a decidir pela venda do imóvel, mas a decadência do bairro e a mudança de perfil da vizinhança derrubaram o valor da residência, que já era grande demais, uma vez que os filhos haviam se mudado. Gunther trata do apego das pessoas por suas casas como algo típico da mentalidade da classe média.

Morar sempre é dispendioso

Já Robert T. Kiyosaki, da série de livros denominada *Pai rico, pai pobre*, não é tão explícito com relação ao tema, exceto pelo fato de ensinar a seus leitores que eles devem separar em colunas distintas os seus ativos e os seus passivos. Em linhas gerais, ativos são bens que colocam dinheiro no seu bolso e passivos são compromissos que tiram dinheiro do seu bolso.

Se interpretarmos que a casa própria não gera renda para seu dono, logo ela será um passivo. Como o caminho para se atingir a independência financeira passa pela redução dos passivos combinada com a ampliação dos ativos, cabe ao interessado avaliar em que situação estará gastando menos dinheiro com sua moradia.

Neste ponto, são várias as alternativas. Podemos comparar uma casa financiada com uma casa alugada e verificar os custos mensais da dívida com o pagamento do aluguel – podendo a diferença ser investida com juros vantajosos.

Porém, como proceder se a casa for herdada ou adquirida com recursos próprios? No interior, é comum vermos casas próprias com edículas alugadas nos fundos – e aqui o imóvel como um todo pode tornar-se um ativo, como acontece em apartamentos sobre lojas, também alugadas.

Receber ou pagar aluguel?

No Brasil, o aluguel não tem boa rentabilidade, você pode afirmar. Vamos além: em muitas regiões do país, o aluguel perde até para a caderneta de poupança em rentabilidade, fora as despesas com manutenção. Tudo isso deve ser ponderado.

É com esta ponderação que devemos ler *Os segredos da mente milionária*, livro escrito por T. Harv Eker com foco na realidade dos Estados Unidos, onde os juros da economia são baixos e o aluguel é considerado uma fonte de renda atrativa. O autor é entusiasta do investimento em imóveis, como Kiyosaki também é – se bem que sua visão é mais voltada para a compra e venda de edificações, após um período de maturação.

Quem acompanha os vídeos do Professor Marcos Baroni no YouTube sabe que os fundos imobiliários representam uma alternativa inteligente ao patrimônio imobilizado em edificações para aluguel. A questão é que não podemos morar nas cotas de tais investimentos, embora a renda passiva gerada por eles possa nos garantir um teto na condição de inquilinos.

Conselhos e soluções

No Brasil, temos o exemplo de Décio Bazin, autor do livro *Faça fortuna com ações, antes que seja tarde*. Na página 112 da sétima edição, ele dá o seguinte conselho a um jovem investidor que morava num apartamento alugado e pretendia se casar:

> *"No mundo dos investimentos, ninguém é vencedor se não tiver casa própria. A primeira prioridade é ser dono do recanto em que você mora. Só depois disso é que pode entrar com firmeza na Bolsa.*
>
> *Casa própria é a base da vida. Ter casa própria livra a pessoa de inumeráveis dissabores, o menor dos quais é ter de periodicamente procurar moradia e submeter-se às humilhações que são impostas pelas administradoras de imóveis.*
>
> *Como você não tem casa própria, digo-lhe com toda a lealdade que procure comprar uma, custe o que custar em sofrimento e privações. Só então terá o espírito livre para investir".*

As palavras de Bazin ecoam o conceito desenvolvido por George S. Clason numa de suas histórias reunidas sob o título de *O homem mais rico da Babilônia*. No capítulo que trata das "Sete soluções para a falta de dinheiro", o personagem Arkad apresenta a quinta solução: "Façam do lar um investimento lucrativo". Para Clason, morar sob o próprio teto seria uma fonte de tranquilidade para a família e um ponto de partida para aqueles que desejam progredir em termos patrimoniais.

Imóvel valoriza na localização certa

Se não temos a opinião expressa do próprio rei da Babilônia sobre o tema, há ao menos o exemplo que vem de grandes e bem-sucedidos investidores de nossa era. Logicamente nos referimos ao maior de todos, que atende pelo nome de Warren Buffett.

De acordo com o *site* Business Insider, Buffett mora em Omaha, no Nebraska, numa casa de padrão médio, que vale atualmente apenas 0,001% de sua riqueza total. Mas tem um detalhe: a casa foi comprada em 1958, pesando bem mais na sua relação de bens.

Em valores corrigidos, Buffett pagou cerca de U$ 250 mil pelo imóvel, que vale atualmente mais de U$ 650 mil – o que fez o bilionário declarar, certa vez, que sua casa foi o *"terceiro melhor investimento que ele já fez"*. Perguntado sobre o motivo de nunca ter se mudado para uma casa maior, ele respondeu: *"Estou feliz por isso. Eu me mudaria se achasse que ficaria mais feliz em outro lugar"*.

A voz da experiência

Das cartas do megainvestidor Luiz Barsi Filho, reproduzimos a questão do leitor Flávio Benega: *"Devo comprar um imóvel ou investir o valor em ações?"*. Confira a resposta do notável investidor:

> *"Eu diria o seguinte, antes de começar a comprar ações, comprei o meu imóvel para morar. Tenho a sensação de que, para investir e fazer uma carteira de previdência, você terá que fazer com aquilo que é o excedente, aquilo que você tem como uma poupança.*
>
> *Agora, se você não tem uma propriedade para morar, então acho que essa seria a prioridade, em vez de comprar*

as ações para eventualmente ganhar dinheiro no mercado através de uma carteira de previdência.

A carteira de previdência se forma de uma maneira mais longa, então acho que comprar um imóvel para morar é absolutamente prioritário. Aliás, é uma das necessidades vitais do ser humano. Então, diante dessas circunstâncias, não há dúvida de que comprar um imóvel para morar seria uma prioridade absoluta."

O testemunho de quem trabalha com casas

Como arquiteto e editor de livros da Suno Research, acredito que agora posso escrever em primeira pessoa para afirmar que a questão da casa própria, em relação aos investimentos, não deve ser vista como algo antagônico ou excludente. Não se trata de comprar a casa própria OU investir para o futuro. As duas ações podem ser concomitantes.

Vou além: conforme tenho observado nestes anos todos projetando e acompanhando obras residenciais, vejo que muitas pessoas que optam por construir a casa própria, ao invés de comprar uma pronta, naturalmente já têm o perfil empreendedor necessário para serem bem-sucedidas, também, em questões financeiras.

Mentalidade construtora

Poderia citar vários casos de gente que constrói uma casa e alguns anos depois me procura novamente, desta vez para projetar a nova sede de sua empresa, uma loja ou uma edificação de grande porte.

Por exemplo, há pouco mais de 15 anos recebi em meu escritório um jovem que dividia o volante de um velho caminhão com seu irmão. Ele transportava cargas de uma fábrica de papelão da nossa cidade e havia acabado de comprar um terreno numa rua sem saída. Projetei uma pequena casa de fundos para ele, com apenas dois quartos.

Recentemente, ele me procurou novamente. Agora ele já era dono de uma transportadora com dezenas de caminhões novos. Seu desejo era diversificar suas fontes de renda, sempre em parceria com seu irmão. Desenvolvi para eles dois galpões de logística, com mais de 1.800 metros quadrados cada um.

No momento de formalizar o contrato, pedi para anotar seu endereço, ao que ele me informou que era na mesma casa que havia projetado, com a diferença que ele fez um dormitório a mais – ocupando parte da varanda – e instalou uma piscina no grande jardim frontal.

Veja que seu progresso, em parte, deveu-se ao seu comedido padrão de vida. Muitos empresários já teriam se mudado de casa assim que o segundo caminhão da transportadora começasse a render dividendos. Por isso, não posso mentir: também já vi casais se separando pouco tempo depois de concluir a construção de uma bela casa – isso, infelizmente, é mais comum do que se pode imaginar.

> Ou seja, não é uma casa que leva a pessoa à ruína ou para a estrada da prosperidade. É a atitude de cada um que conta. Para quem consegue viver com menos do que ganha e sabe investir a diferença, não há limite a ser estabelecido, salvo o tempo finito que temos neste planeta.

Teto como margem de segurança

Pessoalmente, acredito que investidores que tenham casa própria são mais conservadores e defensivos em suas análises. Não tenho dados estatísticos, mas me parece que, no mercado financeiro, quem arrisca tudo é justamente quem não tem nada a perder.

Um proprietário de casa dificilmente vai operar alavancado com vendas descobertas, ao menos se ele pensar no longo prazo e nos retornos satisfatórios que sejam garantidos. E aqui escreve um arquiteto investidor que tem escritório na própria casa, que, se está longe de ser um palacete, é um porto seguro para minha família.

Não há veredito

O objetivo destas palavras não é mudar sua opinião. Se você está convicto de que morar de aluguel é melhor para seus investimentos, ótimo. Mas, se você tem o legítimo sonho de morar na casa própria e se sente incomodado com argumentos em contrário, saiba que você não está cometendo pecado algum. Pecado é ser levado sem questionamento ao sabor dos ventos.

> Se você tem casa própria e está pensando em vendê-la para aumentar os aportes nos seus investimentos, recomendo que analise sua casa do mesmo modo como um investidor de valor analisa uma ação de sua carteira. Geralmente, investidores de longo prazo só vendem ações quando elas perdem seus fundamentos.

MEMORANDO # 14
Sobre a importância de assumir a responsabilidade pelas próprias decisões

Um investidor sensato nunca compra algo baseado em dicas de ter-

ceiros, seja uma casa, seja uma ação. Ele sabe que a decisão final é sempre sua, pouco importando o grau de profundidade da análise prévia ao negócio.

É muito arriscado acatar livros, relatórios de analistas – e até opiniões atravessadas de outros investidores em vídeos informais da Internet – como mantras a serem repetidos sem questionamentos.

Para começar, um investidor consciente não procura por dicas de investimentos: ele procura por informações consistentes. Quem aposta em corridas de cavalos pode se fiar em dicas, mas analistas de investimentos sérios oferecem tão somente pareceres e orientações.

Toda orientação deve ser recebida sob a lente do senso crítico. Uma vez que um aporte foi feito, ninguém poderá carregar os louros ou as amarguras pelas consequências dele: somente quem desembolsou o capital.

XV
OS FUNDAMENTOS
DO INVESTIDOR DE VALOR

Em termos proporcionais, todos os agentes do mercado de trabalho são como empreendedores que vendem seu tempo, sua dedicação e sua capacidade. Quando eles investem o excedente de suas rendas, seus fundamentos também são importantes.

Quando você assume o volante de um carro, pode conduzi-lo moderadamente até um lugar idílico, como uma colônia de férias no alto das montanhas, ou pode acelerar a ponto de correr o risco de sofrer um grave acidente.

Ao acessar a Internet, você pode descobrir bancos de dados livres com a produção literária de grandes filósofos da Grécia Antiga ou cair numa sequência de páginas manipuladas por agentes terroristas que cooptam jovens para suas ações criminosas.

Na Bolsa de Valores não é diferente. É a sua conduta que dirá aonde você pode chegar. Existem aqueles que são meros especuladores, ávidos pelo enriquecimento rápido, que atentam somente para as variações das cotações das ações. E existem os investidores de valor, que pensam no longo prazo e que desenvolvem um sentimento de parceria com as empresas.

Quando as empresas geram riquezas, trazendo divisas para o país, pagando impostos e criando postos de trabalho, elas podem dividir parte das riquezas com seus acionistas, na forma de dividendos.

Quem investe em dividendos não está preocupado com as flutuações das cotações das ações, mas atento aos fundamentos das empresas.

Margem de segurança apoiada em fundamentos

São vários os aspectos que um investidor de valor considera na análise fundamentalista de uma empresa. Obviamente, ela deve ser uma boa pagadora de dividendos, não apenas no momento da análise, mas num período de alguns anos que dê lastro para tal característica.

Uma empresa só consegue distribuir dividendos com regularidade se operar com boas margens de lucros, sem sofrer com a sazonalidade, de preferência com resultados anuais crescentes, que apontem uma tendência positiva e consolidada.

Essa condição de previsão de crescimento de resultados será maior na medida em que a empresa opere num setor perene da economia, pouco sujeito à concorrência direta ou a um grande número de concorrentes. É o caso dos bancos e das transmissoras de energia, por exemplo.

O investidor de longo prazo deve atentar, também, para a capacidade dos gestores da empresa e para o seu controle sobre seu grau de endividamento. Empresas muito endividadas costumam ter dificuldades maiores de emplacar bons projetos.

Acima de tudo, o investidor de valor observará a margem de segurança. Ela ocorre quando as melhores empresas estão com suas ações cotadas abaixo do seu valor intrínseco, revelando o critério da oportunidade.

Em suma, o investidor consciente está, constantemente, buscando empresas que operam com descontos nos mercados de capitais, para que ele possa se beneficiar em duas frentes: com a valorização das cotações que tendem a se igualar ao valor real das empresas e com a distribuição dos proventos em melhores percentuais.

Comprando renda passiva com renda trabalhada

Há quem pense que é preciso ter muito dinheiro para investir nas empresas de capital aberto através das Bolsas de Valores. Isto não é verdade. Muitos investidores fazem pequenos aportes mensais, com o excedente de sua renda obtida no trabalho, seja na forma de salários, honorários ou lucros de pessoas jurídicas.

Logicamente, existem investidores que operam no mercado financeiro reaplicando os proventos e obtendo deles o seu sustento. Porém, muitos investidores, quando iniciam suas jornadas, ainda dependem do capital inicial oriundo de seus ofícios.

Neste ponto cabe a pergunta: como estão os fundamentos do investidor como pessoa física?

Se a força de trabalho do investidor pudesse ser convertida numa entidade de capital aberto, como ela estaria sendo avaliada pelos empregadores, clientes ou contratantes?

Quando um investidor depende de sua força de trabalho para fazer aportes mensais na Bolsa de Valores, não basta que ele analise os fundamentos das grandes empresas, se os próprios fundamentos não estiverem condizentes.

Fazer sempre mais

Por mais variadas que sejam as profissões, existem questões básicas que valem para todos aqueles que estão no mercado de trabalho. Por exemplo: qual é a capacidade do investidor em fazer poupança mensal, que será a base para seus aportes?

Será que seu padrão de consumo pode ser ajustado para que haja mais excedente de renda, com vistas a antecipar uma condição de aposentadoria futura?

No âmbito do ofício, independente de qual seja, como está a conduta do investidor? Ele é pontual nas reuniões? Ele entrega mais do que foi combinado? Ou entrega apenas aquilo que lhe foi pedido? Ele está sendo eficiente na sua função?

> O investidor, enquanto alguém que trabalha, está valendo aquilo que entrega?

Pouco importa se a pessoa é assalariada, atua como autônoma ou age como empresária. A partir do momento em que troca sua força de trabalho por um salário, por honorários ou por lucro, ela está sendo empreendedora de si mesma. Desta forma, ela deve oferecer ótimos fundamentos para aqueles que, direta ou indiretamente, investem nela.

O valor do trabalho

O investidor que depende de um ofício para fazer aportes no mercado de capitais perceberá que, para potencializar sua capacidade de investimento, terá de aumentar sua renda obtida com o trabalho. Para tanto, deverá se aprimorar constantemente em sua atividade.

Ainda assim, haverá momentos em que ele terá de se sujeitar a trabalhar por menos do que julga merecer, especialmente em momentos de crise. Isto não será um demérito se ele compreender que estará oferecendo ao seu patrão, contratante ou cliente aquele critério da oportunidade, para que estes percebam o seu real valor.

É a fotógrafa que faz um ensaio mais em conta para surpreender uma agência de publicidade, ingressando assim no seu rol de colaboradores. É o arquiteto que oferece um desconto para o cliente que vai construir um conjunto de pequenas casas para alugar, mas que depois partirá para um empreendimento maior. É o técnico em telecomunicações que aceita se recolocar no mercado de trabalho por um salário um pouco menor que na empresa anterior, visando a uma promoção que lhe deixe em melhores condições depois de seis meses.

Crescimento profissional

Para aprimorar-se profissionalmente, o investidor necessita de três fatores: dinheiro, tempo e dedicação.

A médica dermatologista que não frequenta os congressos dos especialistas em sua área fica para trás. O advogado que não se atualiza em relação aos códigos e leis de seu campo de atuação perderá mais causas. O dentista que não comprar um novo equipamento menos ruidoso deixará de atender clientes infantis.

Investir em cursos, livros e ferramentas diversas é imperativo num mercado de trabalho cada vez mais competitivo. De que adiantará ao investidor se aperfeiçoar apenas nas análises fundamentalistas das empresas, se lhe faltar capital para investir?

Conflitos de interesses

Aqui surgem conflitos que o investidor deve resolver. O primeiro deles é mediar o dinheiro, o tempo e a dedicação para conciliar o desenvolvimento profissional com o aprimoramento nos próprios investimentos. Este balanço vai se alterando com o passar do tempo: no começo da carreira será concentrado no ofício, mas aos poucos penderá para os investimentos.

Quem investe no longo prazo naturalmente se afasta de modalidades que lhe tomam muito tempo e atenção. Quem opera com *Day trade*, por exemplo, só terá chance de algum êxito se houver dedicação exclusiva a essa atividade. O mesmo vale para quem especula com opções.

O investidor de longo prazo, quando adepto do *Buy and Hold* (comprar e abraçar), naturalmente terá mais tempo e atenção para o trabalho, sem a necessidade de ficar conferindo a cotação de um papel a todo instante, como um adolescente aguardando curtidas na sua rede social.

O segundo conflito que deve ser considerado diz respeito à corretora utilizada pelo investidor de longo prazo. Esta deve respeitar o seu perfil, não o induzindo a realizar investimentos de outra ordem ou incentivando o giro intenso da carteira.

Informação filtrada

Analisar uma empresa para definir se um aporte deve ser feito em suas ações pode ser um tanto complicado para iniciantes e até para investidores com alguns anos de experiência. Aqui entra em questão o papel das casas independentes de pesquisas no mercado financeiro. Ocorre que raras delas se adequam ao perfil do investidor de longo prazo.

Se antigamente era difícil obter informações sobre as empresas com capital aberto na Bolsa de Valores – poucos jornais e revistas do Brasil ofereciam conteúdo relevante sobre o assunto –, hoje a Internet nos despeja turbilhões de informações aleatórias diariamente. Fica difícil separar o que é realmente útil daquilo que é absolutamente dispensável.

Por isso, mesmo os investidores mais experientes assinam os serviços oferecidos pelas casas de pesquisas independentes, como a Suno Research, que tem uma equipe de analistas que estudam o mercado financeiro em tempo integral, para que seus assinantes possam ter mais tempo para se dedicar aos seus ofícios.

\\\\\\\\\\\\\\\\\\\//////////////

MEMORANDO # 15
Sobre a importância de se aprimorar no trabalho

Muitas pessoas são atraídas para a Bolsa de Valores acreditando que ela proporciona enriquecimento rápido. O sonho – e a ilusão de muitos – "é viver do mercado", sem precisar trabalhar, o quanto antes.

Para alguns, tal situação realmente ocorre em pouco tempo, mas isso não se configura numa regra. A verdade é que grande parte dos investidores bem-sucedidos na Bolsa de Valores, justamente aqueles que investem com a mentalidade do longo prazo, continua exercendo – por opção ou necessidade – um ofício.

Portanto, ser um profissional cada vez melhor e mais rentável para si mesmo é uma premissa que nenhum investidor deve relegar ao segundo plano. A sociedade como um todo só tem a agradecer.

XVI
TIPOS DE REMUNERAÇÃO: É IMPORTANTE DIVERSIFICAR

Que a diversificação em ativos que geram renda é fundamental, todo investidor sensato já sabe. Porém, talvez poucos atentem para o fato de que, se um trabalho ocupa grande parte das nossas vidas, ele não pode nos entregar apenas recursos monetários. Nós queremos mais.

Vivemos numa sociedade na qual se precifica tudo, mas nem tudo recebe o seu devido valor. Durante décadas as donas de casa, por exemplo, trabalhavam tanto ou mais que seus maridos empregados, mas, como não recebiam qualquer tipo de pagamento, as pessoas davam mais importância ao patriarca da família, que trazia o salário para dentro do lar, por menor que ele fosse.

Com a revolução dos costumes e da tecnologia, principalmente após o fim da Segunda Guerra Mundial, as mulheres ocuparam seu espaço no mercado de trabalho, aumentando a renda da família, embora as diferenças salariais entre homens e mulheres sigam alarmantes em todos os continentes, inclusive nos países mais desenvolvidos.

Ainda não nos libertamos das amarras que nos são impostas, em termos de obrigação moral de cursar uma faculdade para buscar um emprego que ofereça um salário melhor. O cerne da questão continua sendo este: trabalho bom é aquele que paga bem – o resto parece não importar.

Mas o resto importa, e muito. Para começar, o dinheiro não é a única forma de alguém ser remunerado por um trabalho. É preciso compreender que existem diversas formas de remuneração para um trabalho: podemos trabalhar para aprender, para nos sentirmos úteis perante a sociedade, para termos a satisfação de ajudar os outros, para sentirmos prazer numa atividade e até para ganharmos o reconhecimento – algo que pode escorregar para o desejo de atrairmos fama e notoriedade.

Dinheiro é tudo?

Quem pensa apenas no dinheiro na hora de buscar uma ocupação, pode cair em algumas armadilhas. Uma delas é trabalhar num local insalubre, ao lado de pessoas que agregam pouco valor. Outra armadilha é ficar num estágio de estagnação, sem perspectivas de evolução – nestes casos, no longo prazo, o único segmento previsto no gráfico da carreira é a decadência.

> O dinheiro é importante? Com certeza. Mas não pode ser o único fator a se considerar numa escolha profissional.

Por isso, ser remunerado com perspectivas de evolução, conhecimento e aprendizado pode ser tão ou mais importante do que pensar apenas no retorno financeiro.

Não estamos simplesmente tratando de planos de carreira, nos quais algumas empresas prometem promoções por metas atingidas. Estamos nos referindo ao crescimento pessoal – algo que se conquista, entre outros fatores, por estar em contato frequente com pessoas igualmente prósperas neste sentido.

Há quem troque uma renda excelente por uma renda apenas razoável só para poder trabalhar com os melhores profissionais num determinado campo de atuação. Neste caso, muitas vezes acontece com o profissional o que ocorre com ótimas empresas de capital aberto, cujas ações estão com as cotações descontadas: uma hora o preço acompanha o valor e todos saem ganhando.

Utilidade pública

Porém, aprender praticando um ofício, recebendo uma renda justa, pode não ser suficiente, se não houver aquele sentimento de ser útil em sua comunidade. Existe uma satisfação em saber que o seu trabalho tem importância numa cadeia produtiva ou de sustentabilidade.

Um lixeiro, por exemplo, pode não ter um salário alto e sua rotina pode não ser desafiadora intelectualmente, mas é obrigação da sociedade reconhecer a importância de sua função. Se os lixeiros não trabalharem, de pouco adiantará o CEO da multinacional vestir seu terno e gravata logo cedo, pois ele não poderá sair de casa, em razão da montanha de lixo no portão da garagem.

Por outro lado, um lixeiro não pode se contentar em apenas ter a importância de seu trabalho reconhecido. Então, alguns evoluem para recicladores de materiais e, entre eles, há os que se tornam empresários ou cooperados do ramo da reciclagem.

Por vezes, ser útil na sociedade se confunde com o prazer de ajudar o próximo. Os professores abnegados são os que melhor podem testemunhar isso. Poucas profissões são tão importantes e, neste caso, há o envolvimento direto com as pessoas que mais se beneficiam do trabalho: os estudantes. Quando um professor serve ao próximo, geralmente o seu próximo é seu aluno. É difícil mensurar o efeito multiplicador de bons professores. Só falta para a maioria deles uma remuneração monetária mais digna.

Fama é tudo?

Existem professores que, mesmo ganhando pouco, ficam anos dando aula. Há um componente de prazer nesse ato. É o mesmo tipo de prazer que faz um artista se dedicar por décadas ao seu ofício, mesmo que o reconhecimento e a fama não venham.

Aqui temos um tipo de remuneração tão perigoso quanto o dinheiro, quando desejado de forma isolada. Se há quem sonhe em ficar rico, há também aqueles que querem apenas ser famosos, sendo movidos pela vaidade. Muitas carreiras naufragam por causa dessa busca de ser notório a qualquer custo.

> Em linhas gerais, dinheiro e reconhecimento são consequências de um trabalho ou um empreendimento bem desenvolvido, aprimorado e útil para a sociedade – não são os objetivos em si mesmos. Quanto mais o seu trabalho impacta positivamente um número crescente de pessoas, maior o seu potencial de renda monetária e reconhecimento público. Mas geralmente isso leva tempo para acontecer.

Suporte para escolher

São os diversos tipos de remuneração (além da financeira) para um trabalho que permitem que as pessoas sejam felizes fazendo atividade voluntária, por exemplo. Aqui entra o componente da independência financeira: para que alguém desenvolva um trabalho voluntário de impacto social, é preciso que suas próprias necessidades sejam atendidas. De que forma isto é possível? Pode ser via patrocinadores, tutores ou mecenas. E por que não do mercado financeiro?

Essa é uma das razões pelas quais é importante investir em renda variável para obter renda passiva através do mercado de capitais desde cedo.

> A independência financeira permite que um sujeito se liberte de fazer um trabalho que não lhe dá prazer, apenas dinheiro. A renda passiva igualmente permite a quem a recebe desenvolver um trabalho voluntário ou uma atividade que lhe complete como ser humano. Alguns investidores revelam-se poetas, músicos e pintores após a meia-idade.

Mudanças de rumos

Muito antes da chegada da meia-idade ou terceira idade, a renda passiva obtida através de ações de empresas que pagam dividendos, ou cotas de fundos imobiliários que entregam rendimentos mensais, por exemplo, pode financiar mudanças de rumo numa carreira que ainda está no começo.

É comum que jovens com seus 30 e poucos anos queiram experimentar outro tipo de atividade. São pessoas que já construíram uma base salarial boa, mas sentem falta de maiores desafios. É a renda complementar oriunda do mercado financeiro que permitirá que se banquem por algum tempo antes que suas novas atividades – muitas vezes empreendedoras – comecem a render frutos.

Não existe receita para alguém encontrar sua ocupação ideal. Isso varia de pessoa para pessoa, assim como muda de acordo com fatores como idade, lugar, cultura e outros. Há momentos em que a renda monetária deve ser priorizada e outros em que aprender com um ofício é o fator principal, e assim por diante. Tudo é uma questão de leitura do momento e a inteligência de cada um está relacionada com a correta interpretação dos dados que se apresentam no cenário.

Independente disso, investir é fundamental. É o que permite a alguém, no longo prazo, ter mais opções para fazer escolhas. A liberdade financeira pode ser compreendida dessa forma: como a liberdade para fazer escolhas, inclusive escolher não trabalhar.

> Se você conseguir poupar seu dinheiro todo mês, mesmo ganhando abaixo do que julga merecido, então já deu um grande passo para ampliar seu leque de opções.

MEMORANDO # 16
Sobre o potencial do empreendedorismo

As pessoas podem desfrutar de um bom padrão de vida enquanto trabalham em troca de um salário, mas nunca enriquecerão apenas em função disso. É preciso poupar dinheiro e saber investi-lo.

A Bolsa de Valores é um dos ambientes mais indicados para que um investidor colha bons retornos com seus aportes, oferecendo a liberdade financeira no longo prazo.

Se existe algo que pode acelerar esse processo, é o fato de o investidor ser também um empreendedor capaz de criar valor para a sociedade, levando adiante um negócio escalável. Teoricamente, um investidor isolado tem o limite de 24 horas por dia para ganhar dinheiro. A partir do momento em que ele se torna empreendedor e consegue contratar pessoas para trabalhar no negócio, ele amplia essas horas rentáveis, conforme a empresa se desenvolve.

Obviamente, quanto maior o potencial de retorno financeiro, maior o potencial de risco. Tanto os investidores quanto os empreendedores podem quebrar, mas há diferenças: investidores defensivos com ações podem ir a zero, enquanto empreendedores podem falir abaixo de zero, ou seja, com dívidas contraídas.

Um país precisa de muitos empreendedores, mas empreender definitivamente não é para qualquer um. Muitas pessoas que perdem o emprego são empurradas para abrir o próprio negócio, sem estarem preparadas para desenvolvê-lo.

Portanto, quem reconhece as próprias qualidades e limitações está mais apto para se recolocar no mercado de trabalho: como empreendedor, como prestador de serviços ou como assalariado.

XVII
A SINTONIA DO CASAL
PARA INVESTIR COM RESULTADOS

Nem todas as pessoas de uma família têm o mesmo grau de entusiasmo por questões relacionadas com educação financeira e investimentos de longo prazo. Sem o reconhecimento de que cada um tem o seu papel num lar, o progresso patrimonial não vem.

Se você quer aprender sobre bons investimentos, não leia apenas sobre bons investimentos. A capacidade de analisar contextos diversos para investir com eficácia e regularidade depende de uma cultura geral, que não é assimilada apenas em demonstrações de resultados e balanços financeiros. É possível se aprimorar como investidor mesmo lendo sobre Mitologia.

Um dos maiores mitólogos do século XX – talvez o maior deles – foi Joseph Campbell. Entre 1985 e 1986, poucos meses antes de falecer, ele concedeu uma série de entrevistas para o jornalista Bill Moyers, no Rancho Skywalker, de George Lucas – por sua vez o criador da saga cinematográfica *Guerra nas Estrelas*.

As conversas foram filmadas e se converteram num especial para a TV dos Estados Unidos, cuja transcrição foi organizada por Betty Sue Flowers e resultou num livro de leitura obrigatória: *O poder do mito*.

A certa altura, Campbell declara: *"Casamento não é um caso de amor. Um caso de amor é algo inteiramente diferente. O casamento é um compromisso com aquilo que você é. Aquela pessoa é literalmente a sua outra metade. Você e o outro são um só. Um caso de amor não é nada disso, é um relacionamento que visa ao prazer e, quando deixa de proporcionar prazer, está acabado. Mas o casamento é um compromisso para a vida, e um compromisso para a vida significa a preocupação primordial da sua vida. Quando o casamento não é uma preocupação primordial, você não está casado".*

Imediatismo *versus* perenidade

Fica evidente que o mitólogo estabelece uma dicotomia entre prazer e compromisso. O prazer está associado a algo imediato, ao passo que o compromisso prevê uma relação de longo prazo, que sobrevive ao fim da chama de atratividade que alimentou o interesse inicial de cada componente do casal.

Essa noção de prazer e compromisso, levada ao campo da educação financeira, faz todo o sentido, pois a manutenção de um casamento duradouro depende da saúde financeira do casal e, para que ela seja plena, não basta que apenas uma das partes dê atenção para o tema.

Isto não significa que o compromisso deva anular o prazer ou vice-versa. Compromisso e prazer devem ser conceitos complementares num matrimônio saudável, pois a ausência total de um dos componentes resulta na ruína do casal. O objetivo é a busca de um equilíbrio que, logicamente, não é fácil de atingir.

Soma de vetores

Quem investe com o foco no longo prazo, visando à independência financeira e a uma aposentadoria plena, que liberte a pessoa da obrigação de trabalhar, sabe que é preciso ter disciplina e paciência para poupar parte da renda obtida com um ofício para aportar recursos em ativos que levarão anos para gerar resultados consistentes.

Esse esforço contínuo pode ser em vão se, do outro lado da cama, estiver uma pessoa mais preocupada com a próxima viagem ou com a troca do carro, enquanto olha para o guarda-roupa imaginando a próxima aquisição para ocupar um cabide ocioso.

> Para um casal progredir em termos financeiros, é preciso que as duas partes remem na mesma direção. Se apenas um remar, desde que a outra parte fique neutra, já será uma situação bem melhor do que se ambos remarem em direções opostas.

Balança de recursos

Obviamente, se ambos pensarem apenas no "aqui e agora", as contas atrasadas logo estarão sobre a mesa do jantar e, quando a carestia bater na porta, o amor pulará pela janela. Por outro lado, um casal extremamente austero não desfrutará dos melhores anos da juventude e meia-idade. Mais uma vez: é preciso ter equilíbrio.

Esse equilíbrio é explicitado pelo autor T. Harv Eker em seu *bestseller Os segredos da mente milionária*. Ele recomenda que 10% de todos os rendimentos de um indivíduo – mas pode ser também de um casal ou de uma família – sejam direcionados para a conta da liberdade financeira a ser atingida no longo prazo. Em compensação, ele também recomenda reservar 10% para a conta da diversão, outros 10% para contas de poupança para emergências, 10% para doações, 10% para instrução financeira e 50% para as necessidades básicas.

Como não há uma ordem hierárquica nesta divisão, vale o bom senso: o casal deve estar em dia com todas as suas despesas básicas e reservar uma quantia para gastos emergenciais para, então, guardar dinheiro para investimentos em longo prazo. A diversão e a doação vão decorrer do atendimento das prioridades – e não o contrário.

Confiança e transparência

Gustavo Cerbasi foi além, ao dedicar um livro inteiro para as finanças dos cônjuges: *Casais inteligentes enriquecem juntos*. O livro certamente merece ser lido, mas poderia ser sintetizado numa frase de Twitter do próprio autor: *"Gastem menos do que vocês ganham e invistam a diferença. Depois reinvistam seus retornos até atingir uma massa crítica de capital que gere a renda que desejam para o resto da vida".*

Um problema com o livro do Cerbasi, e de qualquer livro que tenha como foco a educação financeira para casais, é que nem sempre os dois gostam de ler. Aqui entra um terceiro componente sem o qual um casamento não será duradouro: a confiança.

> A confiança é extremamente necessária quando uma parte do casal se instrui sobre investimentos e a outra não. É preciso que fique definido que a parte instruída conduza os investimentos do casal e que haja concordância do outro lado. A leitura de livros, assim como a adoção de estratégias de investimentos, não deve ser algo impositivo, desde que haja transparência para demonstrar a evolução do patrimônio líquido do casal.

Prover e manter

Antigamente, isso ficava claro na cultura patriarcal que reinava nos países do Ocidente, onde os papéis do marido e da esposa eram impostos pela sociedade. Ao marido cabia exercer o papel de provedor da família: era ele que tinha que sair de casa logo cedo para buscar o sustento da prole. Já a esposa deveria atuar como a mantenedora da casa: de certo modo, ela administrava os recursos para alimentar e educar os filhos.

Com a Revolução Industrial e a dos costumes ocorridas nos últimos séculos, as mulheres foram lentamente se emancipando perante a sociedade cada vez mais urbanizada, de modo que atualmente os papéis de provedores e mantenedores de um lar se invertem ou se misturam.

Se tanto homens como mulheres podem ser os provedores e mantenedores de um lar, pois todos podem atuar no mercado de trabalho, as novas gerações muitas vezes ainda são criadas com noções tradicionais de família. Isso aumenta a necessidade do diálogo entre as partes, para que cada um se identifique melhor com o seu papel e permita que o outro o complemente.

> O papel de cada componente de um casal – independente do gênero – pode ser compreendido como um arquétipo. Aqui, voltamos ao início da nossa explanação, pois a Mitologia estuda arquétipos. É por isso que você pode obter lições sobre investimentos estudando sobre Mitologia, Filosofia, Sociologia e Psicologia.

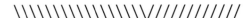

MEMORANDO # 17
Sobre adiar compromissos impostos pela sociedade

A humanidade vem evoluindo nos últimos milênios baseada em noções tradicionais de família e procriação que a pós-modernidade está colocando em xeque.

É comum vermos cada vez mais jovens adiando relacionamentos estáveis e a decisão de ter filhos, para se concentrarem em suas carreiras. Inclusive, os arranjos familiares tardios e a coabitação estão se moldando em função disso, de modo que vemos cada vez mais casais ingressando na meia-idade sem filhos.

Contra o medo de prejudicar a carreira, temos exemplos de pessoas que melhoram o desempenho no ofício justamente quando iniciam um namoro sério, que signifique a adoção de novos e maiores objetivos em conjunto. Quando a relação do casal é sadia, esse desempenho melhora novamente no momento em que os parceiros decidem se casar e, ainda mais com a chegada de uma ou mais crianças para aumentar a família.

Ao deixar de ser responsável apenas por si mesmo, para cuidar de mais pessoas ao seu redor, você se desdobra para dar o melhor para todos – e isso significa que pode investir melhor também.

XVIII
EDUCAR UMA CRIANÇA:
INVESTIMENTO E EMPREENDIMENTO

Com qual idade uma criança deve ter contato com investimentos para o longo prazo? Esta é uma pergunta que só um adulto já ciente do poder dos juros compostos está habilitado a responder com propriedade, pois as crianças têm o tempo a seu favor.

Fora do campo da fé religiosa, não há garantia científica alguma sobre a possibilidade da imortalidade do ser humano. Se há meios de preservar ao menos parte de uma pessoa por mais tempo do que o seu ciclo de vida natural permite, seria pela doação de órgãos para terceiros ou através dos filhos, que levam o DNA combinado dos pais.

Se entendermos que o DNA é uma molécula que carrega informações genéticas, podemos ampliar o conceito da perpetuação do indivíduo para a criação de filhos adotivos. Se estes não possuem as informações genéticas do pai e da mãe, herdam informações por meio de valores culturais e crenças por eles transmitidas.

Por isso, educar uma criança, imputando-lhe condutas éticas e uma gama de conhecimentos, é a maneira mais segura que existe para prorrogar a nossa passagem por este planeta. Nossos filhos, no futuro, vão refletir parte do que lhes ensinamos. Eis um belo investimento cujo retorno é difícil mensurar. A criação de um filho é um empreendimento constante.

Tal pai, tal filho

Grande parte da educação que as crianças recebem, de modo intencional ou não, se dá por meio de exemplos. Por isso, filhos de pais perdulários tendem a ser perdulários. Filhos de pais negligentes provavelmente serão negligentes. O mesmo pode ocorrer no caso de pais previdentes, que pensam no bem-estar futuro.

Por vezes, o antagonismo também se apresenta. É o caso de filhos que não querem repetir a trajetória dos pais. Este é o motivo de muitas empresas familiares quebrarem na segunda geração: os pais se dedicaram mais de 15 horas por dia para o negócio, visando oferecer uma vida melhor para os herdeiros, que, no entanto, preferem curtir os prazeres da vida em vez de assumir os compromissos de outrora.

Por centenas de anos, o ofício dos filhos era predominantemente determinado pelo trabalho dos pais. O filho de um sapateiro teria mais chances de sucesso se continuasse com a sapataria do pai. Agricultores procriavam com mais frequência para ter mais ajudantes na lavoura, e assim por diante.

A mobilidade social e de profissões é um fenômeno relativamente recente, ligado ao processo de urbanização da economia. Por isso, um arquiteto pode ser filho de um operário que, por sua vez, é filho de um carpinteiro. A filha da dona de casa pode ser professora e a neta, uma empresária.

A interferência do Estado

Com as novas possibilidades, veio também o aumento da complexidade na criação de filhos. Para adicionar mais variáveis a esse desafio, surge o Estado com suas regulações. Por exemplo, no Brasil, um jovem de 16 anos pode votar em eleições presidenciais, mas não pode responder por crimes hediondos. Nas redes sociais se discute o que as crianças podem, ou não, ver em galerias de arte ou museus.

Pais estão tratando seus filhos como adultos em minia-tura, matriculando-os em cursos extraescolares e preen-chendo suas agendas com diversas atividades recreativas e esportivas. Parece mais cômodo terceirizar a educação das crianças ao invés de investir um tempo diário em conjunto, nem que seja na mesa da sala de jantar.

Vamos falar de dinheiro?

Dentre tantos assuntos abordados na criação de filhos, um tema permanece aparentemente esquecido: em que momento uma criança deve ser iniciada nas questões da educação financeira? Esta é uma pergunta difícil de responder, se o argumento de que nem os pais possuem educação financeira não puder ser usado.

De acordo com uma reportagem publicada pelo *Jornal do Comércio* em outubro de 2015, apenas 9% dos brasileiros economicamente ativos possuíam o hábito de poupar parte de sua renda mensal-mente, proporção que pouco se alterou com o passar dos anos.

Um número ainda menor destina esse excedente para investi-mentos sofisticados: em 2017 menos de 0,5% dos brasileiros ti-nham cadastro ativo na Bolsa de São Paulo (essa taxa subiu para 1,5% em 2021), enquanto nos Estados Unidos 65% das pessoas investem em ações.

Portanto, o brasileiro médio, antes de educar uma criança em questões financeiras, deve se educar primeiro. Esse é um proces-so lento que, aos poucos, está alcançando cada vez mais indiví-duos em faixas etárias diversas.

Numa rápida pesquisa nas redes sociais, em grupos que tratam do tema de investimentos, é comum vermos testemunhos de pessoas com seus 30 a 40 anos sobre certo lamento de terem descoberto a necessidade de obter a previdência através do mercado de capitais tardiamente: *"Gostaria que alguém tivesse me alertado sobre isso antes, pois meus pais nunca tocaram no assunto"* – uma frase fictícia, porém, verossímil.

O menino prodígio da Bolsa

Gerson Mattiuzzo Junior foi além de alertar seu filho, Luis Felipe, sobre os benefícios de investir em ações através da Bolsa de São Paulo. Ele abriu uma conta em corretora para o garoto quando este tinha apenas oito anos de idade, fazendo dele o mais jovem investidor da Bovespa – atual B3 – em 2013. Gerson começou fazendo aportes de R$ 1 mil para seu herdeiro.

Adotando desde cedo uma postura de investidor de longo prazo, com técnicas de *Value Investing*, Gerson acredita que Luis Felipe, quando tiver a idade do pai, terá mais renda passiva do que a renda que este obtém com seu trabalho. O menino, já aos dez anos, demonstrava a maturidade de um investidor experiente, em entrevistas para a revista *Exame* e o jornal *Folha de S. Paulo*.

Despesa ou investimento?

Esse caso demonstra a clara preocupação de um pai com a educação formal e financeira de seu filho. As reportagens sobre Luis Felipe não abordam onde ele estuda, mas certamente é numa escola particular.

Pelas mensalidades das escolas particulares brasileiras, podemos concluir o quanto é dispendioso criar um filho atualmente. Adotando o valor médio de R$ 1 mil por mês, considerando os gastos com matrículas e material escolar – mas sem considerar a inflação – manter uma criança na escola entre seis e 17 anos custa R$ 144 mil, fora despesas com alimentação, saúde, vestuário e moradia.

Não por acaso, o número de filhos por família, no Brasil, vem caindo ano após ano, na taxa média de 1% ao ano, conforme dados divulgados pelo governo. Esta é uma das razões pelas quais o sistema público de previdência no Brasil é insolvente, pois cada vez menos pessoas ingressam no mercado de trabalho para sustentar a aposentadoria daqueles que já não podem trabalhar.

Bolsa de Valores *versus* bolsa de estudos

Se, a exemplo de Mattiuzzo, um pai de família investir R$ 1 mil por mês em nome de um filho, conseguindo uma taxa média de retorno de 0,9% ao mês, no mesmo período dos seis aos 17 anos; ao invés de apenas despender R$ 144 mil a criança chegará à fase adulta com um patrimônio acumulado de R$ 292 mil com uma renda passiva mensal média de R$ 2 mil – uma bela ajuda de custo para as despesas da faculdade.

Aqui não estamos mensurando o efeito da inflação, mas reaplicando os proventos recebidos. Se considerarmos também a valorização das cotações dos ativos no longo prazo, o resultado pode ser ainda melhor.

Bons fundos imobiliários podem valorizar cerca de 23% ao ano, em média, somando o aumento do preço da cota com a entrega de proventos. Considerando um aporte inicial de R$ 144 mil num ativo como este, em 12 anos o investidor teria um patrimônio acumulado de R$ 1,7 milhão que, convertido em renda passiva mensal na taxa de 0,6% equivaleria a um salário de aproximadamente R$ 10 mil.

Um legado baseado em princípios

Porém, melhor do que realizar os aportes mensais em nome de uma criança, seria fazer todas as operações em conjunto com ela, decidindo qual ativo seria adquirido e reforçando a importância dos juros compostos nesse investimento de longo prazo. No exemplo anterior, o valor dos juros ultrapassou o valor total aportado no montante final.

Em linha com tal pensamento, podemos citar o exemplo de Warren Buffett, simplesmente o maior investidor da história do capitalismo norte-americano. Ele prometeu doar 99% de sua riqueza para instituições de caridade, antes de morrer. Para seus filhos, ele pretende deixar *"o suficiente para que eles sintam que podem fazer tudo, mas não o bastante para eles acharem que não precisam fazer nada".*

> Mais importante do que deixar bens patrimoniais para suas crianças, alguns dos maiores investidores preferem transmitir para seus filhos o conhecimento suficiente para que estes não fiquem desamparados. Afinal de contas, desta vida nada se leva, e o que se deixa é um legado.

MEMORANDO # 18
Sobre não haver idade limite para começar a investir em renda variável

Já sabemos que, quanto mais cedo se inicia uma trajetória de investimentos regulares, melhor. E na outra ponta da equação? Existe uma idade limite para começar a investir?

Não há uma resposta simples e categórica para esta questão, mas em linhas gerais podemos afirmar que esse limite não existe por várias razões, sendo a principal que investir exige disciplina e paciência.

Então, se uma pessoa tem uma idade avançada e, por acaso, leva uma

Acumulando pontos

Se, em termos comparativos, o critério de pontuação do Enem pudesse ser transportado para o mercado de capitais, para avaliar a capacidade de análise de valores mobiliários do investidor, então teríamos duas notícias para o estudante, que – sob o estigma do "politicamente correto" – seriam uma boa notícia e uma má notícia.

A boa notícia é que o estudante investidor não seria reprovado. Ao contrário: conseguindo 824,73 pontos de mil pontos possíveis, ao longo do tempo o sujeito seria um dos personagens mais bem-sucedidos da Bolsa de Valores de São Paulo. Mesmo se conseguisse apenas 700 pontos, ainda assim, teria motivos para sorrir.

A má notícia é que na B3 – antiga Bovespa – não existe sistema de cotas. Ou esta seria também uma boa notícia? Quem se importa com a cor da pele ou dos olhos, ou ainda com a classe social de um investidor que esteja com a documentação em dia e apto para operar o *Home Broker* de uma corretora de valores?

> Você pode considerar a impessoalidade do ambiente eletrônico da B3 algo frio e perverso, ou encantadoramente libertador de rótulos, pois do outro lado da linha ninguém tem sequer condições de saber se o investidor faz juras de amor para Marcello Mastroianni ou para Lady Godiva. Pouco importa, também, se ele usa uma *kipá* sobre o cocuruto ou se tem um crucifixo pendurado no peito.

Honra ao mérito

No mercado de capitais, o que conta é a capacidade do investidor de fazer as escolhas certas. Não existe decoreba para comprar ações e tampouco há espaço para gente que vive blefando. Os blefadores têm vida curta na Bolsa, dado que atiram no escuro e, ao contrário do que ocorre em outros ambientes sociais, não estão protegidos por padrinhos ou chefes que adoram subalternos bajuladores.

> Investir em Bolsa de Valores não é fácil. É preciso estudar para não depender das dicas de terceiros, uma vez que o sucesso ou o fracasso nos retornos serão culpa exclusiva do investidor que, em última instância, tem a decisão sobre o destino do seu dinheiro.

Se o estudante do Enem precisa estudar História, Geografia, Biologia, Química e Matemática, entre outras disciplinas, o investidor da Bolsa deve estar bem preparado para interpretar Balanços Financeiros, Demonstrativos de Resultados e de Fluxo de Caixa. É preciso saber a diferença entre ROE e ROIC e compreender o conceito de EBITDA de uma empresa, entre diversos fatores.

Quem se familiariza com os indicadores que compõem a análise fundamentalista das ações pode até considerar que não existe segredo nessa atividade, mas isto não significa que o investidor deixará de estudar, buscando aprimoramentos. A diferença básica com aqueles que estudam para passar num vestibular é que não existe um "Dia D" para avaliar e premiar conhecimentos apreendidos.

Concurso e sem curso

Há quem prefira dedicar recursos financeiros e anos de empenho nos estudos para passar num concurso, para assumir algum cargo como funcionário público, que lhe traga uma boa renda mensal, com possibilidades de melhor aposentadoria e mais subsídios para alimentação, transporte e saúde. Nesse caso, algumas notas de corte são ainda mais altas que nos cursos mais concorridos do vestibular.

Novamente, estamos numa situação sem garantias de retorno para todo o empenho que alguém possa colocar nesse objetivo. Basta um atraso de cinco minutos no dia da prova, ou quem sabe um desequilíbrio emocional causado pela pressão autoimposta, e a tentativa de aprovação será malograda.

Mesmo assim, os abnegados que passam nos concursos ainda podem esperar meses ou anos até serem chamados para assumir suas funções. Aqueles que ingressam em algum ofício estatal não raramente se deparam com a troca de chefes nas repartições, sempre que há mudança de partido no comando, após alguma eleição.

Isso acontece diariamente: o sujeito, que dedicou anos de estudo para passar num concurso, agora deve satisfações para alguém que foi colocado ali por indicação política para exercer um cargo de confiança – nem sempre com a capacidade necessária para tanto. Quem se rebela contra tal injustiça corre o risco de perder o emprego ou ser rebaixado, mesmo com toda a estabilidade prometida pelo sistema.

Algo semelhante pode ocorrer na iniciativa privada, mas em menor escala, pois o mercado de trabalho é tão competitivo que não perdoa empresas que priorizam a politicagem em lugar da meritocracia para promover seus funcionários.

Condições iguais para todos

Tal hierarquia não existe no mercado de capitais, entre as pessoas físicas que investem através da Bolsa de Valores. O que diferencia um investidor do outro é a quantidade dos aportes e a sua capacidade de escolher as melhores oportunidades para comprar ou vender ativos.

O investidor que se disciplina para estudar as oportunidades nunca terá um chefe para lhe dizer que ação deve comprar ou vender, a não ser que ele eleja tal figura. Ainda assim, a decisão final será sua, mesmo que escolha aplicar recursos por meio de fundos de investimentos, nos quais a gestão é terceirizada.

> O investidor pessoa física não precisa de diploma para operar em Bolsa de Valores. Sequer provar sua alfabetização é necessário. Mas desde sempre ele estará por sua conta e risco.

Para investir em ações de empresas ou cotas de fundos imobiliários, também não é preciso passar numa prova, como acontece com os estudantes de Direito no caso da OAB – Ordem dos Advogados do Brasil.

Não existe um CFI – Conselho Federal de Investidores – que promova a reserva de mercado para seus afiliados, cobrando anuidades ou taxas elevadas para cada operação, como acontece com os arquitetos e engenheiros, embora as corretoras de valores e a B3 recolham emolumentos em cada negociação de ativo, com valores comparativamente menores.

O investidor pessoa física da Bolsa também não está compulsoriamente sujeito a qualquer tipo de sindicato, que venha a lhe impor contribuições e posturas ideológicas.

Contornando o calvário

O investidor munido de CPF e cadastro numa corretora de valores não precisa de inscrição municipal, estadual ou federal. Também não precisa de alvarás de funcionamento e licenças ambientais que podem levar meses para receber um carimbo. Tampouco necessita de autorização da Vigilância Sanitária ou do Corpo de Bombeiros para manusear seu computador ou celular para executar ordens *no Home Broker.*

Um investidor pessoa física não está sujeito a visitas sem hora marcada de fiscais de qualquer natureza. Ele não corre o risco de ser achacado por agentes corruptos e não pagará propinas para transpor dificuldades criadas por alguém que lhe oferece facilidades em troca.

O melhor vem a seguir: o mesmo investidor ainda pode ter um retorno anual maior do que o pequeno empresário que resolva empreender no Brasil – especialmente se este investidor focar na estratégia de dividendos, para obter renda passiva.

Quem poderá nos defender? Nós mesmos

Por tudo o que foi apresentado, sabemos que o sistema de ensino no Brasil é injusto, pois não premia o estudante conforme o seu rendimento: alguém quase excelente é equiparado com o péssimo entre os péssimos.

As condições do mercado de trabalho, com baixos salários e dificuldade de empreender por causa do excesso de burocracia e impostos, empurram muitos jovens talentosos para o funcionalismo público, onde aos poucos perceberão que, por mais que se dediquem ao trabalho, terão remuneração semelhante à daqueles que apenas se encostam sob a sombra da estabilidade garantida por leis e privilégios.

Reside aqui um dos aspectos mais bonitos do mercado de capitais, visto por muitos como um ambiente desumano e selvagem, repleto de raposas e serpentes: na verdade, o mercado financeiro oferece para investidores, mesmo aqueles de poucos recursos monetários, a livre competição baseada na competência de cada um.

Olho por olho. Reais por reais

O investidor que aplica em ações de empresas e cotas de fundos imobiliários poderá ser pago literalmente na mesma moeda, em vários sentidos. Se ele investiu em reais, receberá em reais. Se agiu como especulador, terá resultados de especulador. Se pensou no longo prazo, será agraciado no longo prazo. As suas horas de estudo para compor análises fundamentadas serão recompensadas.

> Sem panelinhas. Sem protecionismos. Sem politicagem.

Se o investidor quebrar na Bolsa, não poderá culpar o ônibus que atrasou a viagem, a dor de barriga no dia do exame, o burocrata que pediu documentos que estavam faltando ou o chefe que lhe deu uma ordem errada.

Mais do que a independência financeira, o mercado de capitais oferece ao investidor a independência dos sistemas injustos de avaliação e promoção. Ele se liberta das amarras da burocracia e da necessidade de beijar a mão de senhores feudais encastelados em autarquias diversas.

> Como efeito colateral, o investidor poderá ser chamado de serpente, raposa ou quem sabe tubarão deste "nefasto" capitalismo, que – apesar de todos os pesares – é o único sistema econômico que democraticamente aceita pessoas de todos os credos, identidades de gênero, etnias e classes sociais.

MEMORANDO # 19
Sobre a relatividade dos benchmarks

Um benchmark *é uma referência de comparação para medir o desempenho de um investidor, fundo ou qualquer ativo no mercado financeiro. A expressão "bater o mercado" também é comum entre os iniciados.*

Entre os benchmarks *mais conhecidos no Brasil estão o IBOV e o IFIX, que são os índices médios das ações e fundos imobiliários mais negociados na Bolsa de São Paulo, respectivamente.*

Outros termos de comparação são a Taxa Selic, o CDI (Certificado de Depósito Interbancário) e os índices da inflação, como o IPCA (Índice Nacional de Preços ao Consumidor Amplo) e o IGPM (Índice Geral de Preços do Mercado).

Será que o investidor individual deve mirar nesses comparativos para verificar seu desempenho ao longo do tempo? Vejamos:

Logicamente, ganhar da inflação é fundamental, mas querer bater benchmarks *muito altos pode levar o investidor a ser mais arrojado do que o recomendável, considerando sua capacidade de acompanhar cada passo do mercado.*

O investidor individual se aposenta um dia – os benchmarks *não. Isso quer dizer o seguinte: primordialmente, importa ao investidor obter as garantias de atendimento para as suas necessidades, e isso é algo muito particular, pois o custo de vida varia de cidade para cidade, conforme as condições de saúde de cada um e de seus hábitos de consumo.*

Portanto, não há necessidade de competir com qualquer benchmark *ou com outro investidor – próximo ou distante –, uma vez que as necessidades dos outros são distintas. O que interessa é estabelecer metas pessoais com boa margem de segurança e se empenhar para cumpri-las. Quem consegue realizar esse intento pouco está ligando se bateu o mercado ou não.*

Um benchmark *nunca se aposenta. Então, cedo ou tarde, ele vencerá qualquer investidor, por mais competente que seja, uma vez que seu tempo de investimento é finito.*

XX
SE A CULPA É DOS CAPITALISTAS, A SOLUÇÃO TAMBÉM É

Quando nascemos, as regras do jogo da vida já estavam postas. Podemos gastar energia tentando mudá-las ou simplesmente querendo derrubar a mesa. Ou podemos seguir em frente, preservando nossas crenças para dar a nossa pequena contribuição antes de partir.

Deixemos a ingenuidade e as ilusões de lado: a sociedade em que vivemos é excludente. Nós criamos redomas que nos permitem viver num mundo que não é um lugar justo. Muitos não conseguem perceber isso com clareza, pois criam seus filhos em condomínios encastelados, que vão para escolas encasteladas em carruagens motorizadas, blindadas, com ar condicionado.

Para divertimento e para fazer compras, quem pode segue para *shoppings* encastelados. O escritório agora fica no mesmo endereço. Tudo muito prático e cômodo para esquecer a cidade que pulsa lá fora.

Mas um dia é preciso resolver um assunto no centro antigo e a realidade se apresenta sem anestesia: pessoas dormem em caixas de papelão na soleira da porta de um edifício que outrora foi símbolo do progresso. Gente pede dinheiro nos calçadões. Maltrapilhos fedorentos caminham lado a lado com alguns senhores engravatados, que ainda não desistiram do lugar onde fizeram a maior parte de suas carreiras.

Muitos vão e vem, tentando construir suas vidas, parando por cinco minutos para comer um pastel na padaria que serve café para investidores milionários, que aprenderam a evitar sinais de riqueza, por amor a uma São Paulo que não existe mais.

Se a gente tem um pingo de sensibilidade na alma, é impossível manter a indiferença diante de tantos contrastes. Se pudéssemos, ajudaríamos todos que padecem nas guias e sarjetas das ruas onde ônibus passam lotados e carros seguem apenas com o motorista falando ao celular.

Então, percebemos que somos impotentes.

O que fazer?

Temos duas opções: ficarmos revoltados contra o sistema, a ponto de querer sabotá-lo, ou jogarmos de acordo com regras que não estabelecemos, mas buscando, dentro de nossa ética e nossos valores morais, nos tornarmos pessoas melhores, que um dia poderão influir positivamente em nosso entorno.

Ainda assim, não é fácil. Alguns de nossos professores nos ensinaram que os capitalistas são porcos gananciosos, que exploram a força de trabalho de uma multidão para enriquecer cada vez mais. Alguns líderes religiosos fazem questão de afirmar que o dinheiro é sujo e que não devemos nos pautar em acumulá-lo.

Ironicamente, o dinheiro que é deitado no altar não é sujo? Ou é sujo apenas no bolso do trabalhador?

O dinheiro em si não é sujo por definição: ele é muito útil quando tratado com parcimônia. Igrejas sérias constroem hospitais e universidades com ele. Empresas sérias geram empregos e progresso com ele. O dinheiro, na forma de impostos, permite a governos sérios atenderem a sociedade nas questões de saúde, segurança, educação, transporte e saneamento básico. O dinheiro em si mesmo não é o culpado pelas mazelas da sociedade, mas pode ser usado para combatê-las. Sujo é quem desvia esses recursos para outros fins.

Batalhas mentais

O apelo entre os jovens para se revoltar contra o sistema vigente é muito atrativo. Mas toda revolução precisa de líderes. Aqueles que são contra o capitalismo (que, longe de ser um sistema econômico perfeito, é o único que permite mobilidade de classes sociais) tratam de criar figuras que possam se tornar catalisadores de uma geração. Logo, essas pessoas não são afeitas aos valores democráticos: quando uma nação se ajoelha diante delas, ditadores surgem para ocupar o poder durante décadas.

Certos discursos religiosos seguem numa linha semelhante: não podemos nos virar por conta própria, pois devemos ser dependentes dos desígnios divinos. Porém, se admitirmos que fomos criados à imagem e semelhança de Deus, recebemos dele o grande dom divino do livre arbítrio. Isso quer dizer o seguinte: estamos sós e por nossa conta. Ninguém descerá lá de cima para nos ajudar, pois o pessoal lá de cima espera que a gente decida se ajudar.

Se vivemos por nossa conta e risco, onde teremos mais chances? Numa democracia que permite liberdade de crença, cujo sistema econômico é financiado pelo capitalismo, com todos os seus contrastes? Ou numa ditadura de viés comunista, cujo único Deus aceito é o líder do partido, que cuidará de distribuir a pobreza para todos?

Com toda essa guerra de conceitos atordoando as mentes das pessoas, muitas delas se mantêm afastadas das Bolsas de Valores. Essas pessoas acreditam no mito de que a Bolsa é um lugar de cobras e lagartos que só pensam em si mesmos. Elas seguem atônitas quando veem a miséria nas ruas e se conformam em doar algumas migalhas para a caridade.

Mas, através das Bolsas, poderiam fazer muito mais, no longo prazo.

Uma vida dedicada ao próximo

Tomemos como exemplo uma reportagem da revista *Época Negócios*, publicada em 08 de maio de 2018, sobre a secretária Sylvia Bloom. Ela fez longa carreira num escritório de advocacia em Nova York e se aposentou com mais de 90 anos de idade, pouco tempo antes de falecer, em 2016.

Bloom teve uma vida regrada, sem luxos e ostentação. Através de investimentos no mercado de capitais, acumulou uma fortuna de nove milhões de dólares, dos quais mais de dois terços foram doados para o Henry Street Settlement – uma organização de mais de 125 anos que presta serviços sociais para a comunidade carente, com programas de assistência médica e incentivo às artes.

Outros milhões de dólares do espólio de Sylvia Bloom foram destinados para o Hunter College, onde ela estudou de noite enquanto trabalhava de dia (alguma semelhança com alguém que você conhece?), por meio de um fundo de bolsas de estudos.

Sylvia Bloom provavelmente não será beatificada. Seu rosto não estampará camisetas e paredes cegas em edifícios públicos de alguma república do Caribe. Mas sua longa vida dedicada ao trabalho e aos investimentos terá feito mais pela sociedade – e pelos que mais precisam – do que muitos rebeldes que apontam o dedo para gente que deseja estudar, trabalhar, investir e empreender, como se estes fossem os únicos culpados pelas injustiças do mundo.

Uma pessoa de fé que caminhe pelo centro antigo de São Paulo se sentirá tocada pela miséria que assola a vida de incontáveis solitários. Essa pessoa, que antes não saberia como fazer para ajudar tanta gente, agora tem um caminho para trilhar. Não junto de cobras e lagartos, mas ao lado de gente anônima como Sylvia Bloom.

\\\\\\\\\\\\\\\\\\\\\\\\V////////

MEMORANDO # 20
Sobre o pecado de ignorar a própria previdência

O Brasil é um país com poucos séculos de história e que ainda não atravessou um longo período de estabilidade econômica. Sempre que uma inflação mais alta assola a população, esta é incentivada a consumir ao invés de poupar, que é a condição básica para investir em renda passiva.

Porém, sem investir, o brasileiro trabalhador nunca poderá se aposentar com dignidade. Confiar no sistema público de previdência é um dos piores pecados que se pode cometer, independente de quantas reformas gerais sejam feitas. Depender dos filhos para sobreviver na terceira idade não deixa de ser um sacrifício imposto a terceiros.

Melhor do que precisar dos governantes ou dos filhos, quando as forças para trabalhar se esgotarem, é contar com grandes empresas que pagam dividendos e sólidos fundos imobiliários, igualmente rentáveis.

Com o dinheiro que sobrar mensalmente, ainda será possível ajudar quem mais precisa. Nenhum pai, mãe, líder religioso, professor – e qualquer figura influente em nossa formação moral – seria contra isso.

XXI
NÃO FORCE A BARRA
PARA FALAR DE INVESTIMENTOS

Talvez você já tenha passado por isso numa turma em que nem todos são realmente achegados. Aquela pessoa com quem você nunca conversou para valer subitamente engata um papo e logo você percebe que ela é uma grande entusiasta daquele shake *emagrecedor.*

Então, descobre que ela deseja te vender um pote do *shake*. Em seguida, percebe que a pessoa em questão mais consome do que vende o produto, para concluir que ela faz parte de um esquema de marketing parecido com uma pirâmide de consumidores, travestida de rede de revendedores.

Com um pouco de jogo de cintura você se afasta da roda e, no próximo evento social, você evita qualquer aproximação, não por causa do *shake*, que você nunca saberá se é eficiente de verdade, mas por causa da abordagem irritante feita sobre esse produto.

Viajar de ônibus ou trem também nos coloca em algumas saias justas, especialmente quando alguém ao lado pergunta a sua religião. De cara, é melhor responder que você acredita em alguma coisa, mas com certeza a religião do interlocutor daquele diálogo forçado será melhor, ao menos na visão dele.

Então, ele começa a falar dos dogmas, dos costumes, das tradições, dos ritos e te convida para conhecer a sua comunidade. A intenção dele é boa: ele quer salvar a sua alma. Ele realmente acredita que está fazendo uma boa ação. Mas, para você, ele está sendo um cara inconveniente.

Liberdades

A sorte dele é que estamos num país laico, com liberdade de expressão e de religião. Em algumas partes do mundo, ainda hoje tem gente que morre só pelo fato de declarar uma fé que não seja reconhecida pela religião oficial daquele Estado.

Durante os anos de chumbo da antiga União Soviética, a prática religiosa era totalmente proibida. Líderes religiosos eram enviados para a Sibéria, sem passagem de volta. Mas os ortodoxos resistiram, encontrando formas de se reunir secretamente, sem cair nas garras dos alcaguetes do governo, infiltrados em cada quarteirão.

Os primeiros cristãos também eram perseguidos por toda a Judeia, antes de as seitas primitivas chegarem às catacumbas de Roma. A tradição afirma que um cristão reconhecia outro através de desenhos na areia. Um fazia a silhueta simplificada de um peixe, esperando que o outro espelhasse o símbolo.

Neste ponto você pode questionar:

> *"Não estou aqui para ler sobre religião. Quero saber sobre investimentos!"*

Calma. As suas crenças – ou a ausência delas – não estão em questão. Se há uma coisa que respeito, é a escolha individual do outro.

Convencimento por necessidade

Nem sempre fui adepto de investir em renda variável. Aliás, passei boa parte da minha carreira investindo no mercado imobiliário e em produtos de renda fixa. A baixa no ciclo da construção civil me fez acordar para uma nova realidade. Ciente de que a recuperação da economia seria lenta, passei a considerar o mercado de capitais com mais atenção.

Cometi alguns erros de principiante, que não merecem ser lembrados agora. Mais importante é relatar que fui migrando meus recursos, aos poucos, para os investimentos em renda variável, a ponto de equilibrar a minha carteira, com previsão de reforçar os aportes nos ativos financeiros disponíveis na Bolsa de Valores.

Antes arredio e conservador, mas acima de tudo reacionário a qualquer abordagem relacionada com ações de empresas e cotas de fundos imobiliários, paulatinamente fui me interessando por todo esse mecanismo de geração de renda passiva, a ponto de me apaixonar literalmente pelo assunto. Entusiasmado, comecei a ler um livro atrás do outro.

Bastaram os primeiros dividendos pingarem na minha conta para o deslumbramento com o mercado de capitais assumir as rédeas dos meus interesses.

O outro lado da moeda

Numa manhã de mormaço estava levando duas tias para um compromisso em São Paulo. Passando pelo cruzamento da Rodovia dos Bandeirantes com a Anhanguera, em Jundiaí, apontei para a fábrica da Klabin, na esquina mais estratégica da América do Sul, e disse:

– *Sou sócio dessa empresa.*

– *Como assim?* – Elas não entenderam nada.

– *É que comprei ações da Klabin na Bolsa de Valores.*

Elas continuaram boiando. Uma olhou para outra e só faltaram rodar o dedo em torno da orelha. De nada adiantou tentar explicar como funcionava o mercado financeiro.

Na noite de Natal presenteei minha irmã:

– *Comprei essa blusa da Hering com os dividendos da Hering. He-he...*

– *Minha nossa, Jean. Você agora só fala da Bolsa. Até no Natal?*

Isso foi a melhor coisa que minha irmã falou para mim em muito tempo. Logicamente, não gostei de ouvir, mas ela tinha razão. De repente, me vi como aquela pessoa tentando vender o tal *shake* emagrecedor ou, quem sabe, tentando salvar a alma do próximo.

Passei a me policiar, desde então, para não expor minha afinidade com a geração de renda passiva. As pessoas do meu círculo social, na maioria das vezes, não querem saber de planos para a independência financeira, investimentos em ações e fundos imobiliários. É um assunto chato. Eu também pensava assim.

Reconhecendo alguém da fraternidade

Poucos dias se passaram e fomos convidados para uma festa de aniversário num *buffet* infantil. Fui até o balcão pegar um guaraná e o primo da minha esposa estava lá. Pensei comigo mesmo: *"Falo de futebol, reclamo dos políticos ou da crise?".*

Resolvi desenhar um cifrão na areia:

– *E aí, Marcelo, o que tem feito para se proteger da crise?*

– *Tenho comprado algumas ações.*

– *Sério?*

Não preciso dizer que foi uma longa, agradável e produtiva conversa. Trocamos impressões sobre métodos de análise, empresas que estavam em nosso radar, livros que estávamos lendo, gente que estávamos seguindo na Internet.

Desde então, temos contatos frequentes. Os pontos de vista diferentes, baseados nas origens e nos ofícios de cada um, ajudam a tecer um cenário mais completo. Esse tipo de interação é muito válido entre os investidores e faz parte da rotina de muita gente, inclusive dos mais bem-sucedidos e experientes.

> Quando você resolve estudar o mercado financeiro, são várias as lições que aprende. Entre elas, a de que você faz parte de um grupo muito pequeno de pessoas, ao menos no Brasil. Somos quase uma seita clandestina, embora tolerada oficialmente.

Lembremos que na União Soviética nós também seríamos enviados para a Sibéria – o que seria surreal numa nação que preservou templos inclusive na Praça Vermelha de Moscou, mas que fechou completamente o mercado por décadas, em todos os sentidos.

Às vezes, você quer emagrecer, então vai procurar uma dieta adequada. Pode ser até baseada naquele *shake*. Pode ser ainda que você esteja se sentindo vazio ou triste, necessitando de um apoio espiritual ou psicológico. Uma conversa com um amigo será bem-vinda.

Com educação financeira ocorre algo semelhante: é o indivíduo que deve procurar por informações, a partir de suas necessidades. Não funciona quando alguém tenta nos empurrar algo que, naquele momento, não faz sentido para nós, por melhores que sejam as intenções de todos.

> Se você conhece alguém pensando em investir em renda variável, não seja incisivo, mas não deixe de falar do caminho da luz.

MEMORANDO # 21

Sobre fontes de consulta confiáveis na Internet

Quem já está convencido sobre a importância de investir com regularidade pela Bolsa de Valores, pode obter informações relevantes nos seguintes sites*:*

Dados sobre empresas de capital aberto:

http://www.fundamentus.com.br/

https://statusinvest.com.br/

Estas páginas reúnem dados financeiros e indicadores fundamentalistas das empresas de capital aberto listadas na Bolsa de São Paulo, incluindo os históricos de pagamentos de proventos.

Dados sobre fundos imobiliários:

https://fiis.com.br/

https://www.fundsexplorer.com.br/

Portais que fazem pelos fundos de investimentos imobiliários o que o Fundamentus e o Status Invest fazem pelas empresas. Ambos são de acesso gratuito, até o momento da publicação deste livro.

Conteúdo geral sobre investimentos:

https://www.suno.com.br/

A seção de artigos dessa casa de análise oferta um conteúdo enciclopédico sobre vários conceitos de renda variável e mercado financeiro. Digite um termo relacionado com sua dúvida no campo interno de busca e provavelmente haverá um ou mais artigos que trazem as respostas.

XXII
SEU BOLSO DEVE SER A FOZ
DE UMA BACIA DE RECURSOS

Os rios são fontes de riqueza: eles podem facilitar o transporte de mercadorias e passageiros, gerar energia elétrica, abastecer cidades com água e peixes, atrair turistas. Mas o enfoque pode ser metafórico também, do ponto de vista do mercado de capitais.

O Córrego Proença passa tão despercebido na paisagem urbana da cidade de Campinas (SP) que mais parece um canal que não dá conta das águas das chuvas que volta e meia inundam a Avenida Princesa d'Oeste. Seu nome original indica o seu porte diminuto: Lavapés.

Então, o Proença se junta ao Córrego Serafim para formar o Ribeirão das Anhumas, na tentativa de encontrar a zona rural da grande metrópole. Adornado por pedras e espremido por matas ciliares de extintas fazendas de café, o Anhumas é tão estreito e raso que pode ser atravessado em algumas passadas.

A vontade de ser rio se manifesta no encontro com outro ribeirão, o das Pedras, no charmoso Distrito de Barão Geraldo, onde fica a Unicamp. De repente, ambos deságuam no Rio Atibaia, já no município de Paulínia, onde funciona a maior refinaria de petróleo da América Latina.

Geração de energia

Poucos quilômetros depois, na região da antiga Fazenda do Funil, entre Cosmópolis e Americana, o Rio Atibaia ganha a parceria do Rio Jaguari, que por sua vez já havia incorporado as águas do Rio Camanducaia, nascido lá no sul das Minas Gerais.

Ali, os pescadores já devem tomar cuidado com as corredeiras que levam os desavisados para poços profundos, antes de formar a represa que alimenta uma pequena usina hidrelétrica – cujo paredão de concreto armado pare o Rio Piracicaba, cantado em prosa e verso na famosa música caipira.

O Rio Piracicaba é o maior afluente do Rio Tietê, que por sua vez corta praticamente todo o estado de São Paulo, nascendo em Salesópolis, no rodapé da Serra do Mar, mas correndo teimosamente em direção ao interior. Fonte de riquezas para numerosas cidades e responsável pela colonização dos sertões paulistas, o Tietê possui até hidrovia suportada por eclusas, além de abastecer pouco mais de uma dezena de barragens e suas usinas.

Na esquina com o Mato Grosso do Sul, no lago formado pela barragem de Jupiá, o Tietê entrega suas águas para o Rio Paraná, o segundo maior rio da América do Sul: só perde para o Rio Amazonas.

Uma das maiores usinas hidrelétricas do mundo, a de Itaipu, vale-se do potencial do Rio Paraná para gerar energia para Brasil e Paraguai. Em Foz do Iguaçu, o Paraná se encaminha compondo a divisa do Paraguai com a Argentina.

O rio que batiza uma nação

Não por acaso, quando o Rio Paraná se abraça com o Rio Uruguai, eles formam o Rio da Prata, tão largo que se confunde com o mar que se abre para o Oceano Atlântico, cujos portos despacham e recebem mercadorias em Buenos Aires e Montevidéu – as capitais de Argentina e Uruguai, sendo que este último já foi província Cisplatina no Reino Unido de Portugal, Brasil e Algarves.

Se fizermos o caminho inverso para conhecer todos os contribuintes do Rio da Prata, notaremos a diversidade de rios, ribeirões e córregos de quatro países. São centenas de córregos e ribeirões, e dezenas de rios das mais variadas bacias hidrográficas situadas em regiões de climas e culturas distintas.

O Rio da Prata é tão largo que pode ser visto da Lua, mas, se não fosse o Córrego Proença, em Campinas, não teria o mesmo volume de água. Você pode pensar que, isoladamente, o Proença é desprezível. Mas, com esse tipo de visão, nunca será um investidor de longo prazo bem-sucedido.

A correnteza dos juros compostos

Esta longa descrição sobre o percurso das águas de Campinas até o Oceano Atlântico ajuda a compreender a força dos juros compostos: quando um recurso – hídrico ou financeiro – se associa com outro, ele é favorecido por todos os contribuintes anteriores.

Um pequeno investimento em ativos geradores de dividendos – seja em volume de água ou em montante de dinheiro –, quando somado a outros para reinvestir a soma dos recursos, pode chegar até a foz em pleno oceano, ou em plena independência financeira, como queira.

Do mesmo modo que o Rio da Prata não se forma apenas com a junção dos rios Paraná e Uruguai, mas da incorporação de vários rios menores, nossa carteira de investimentos deve ser diversificada ao longo do tempo, na mesma proporção das fontes de recursos presentes na grande bacia que deságua no Oceano Atlântico entre Punta del Este no Uruguai e Punta Rasa na Argentina. Nesta comparação, o seu bolso deve ocupar o lugar do mar.

A estratégia "Rio da Prata" para investir na Bolsa de Valores

O investidor que deseja compor uma carteira previdenciária no longo prazo, a partir da renda passiva obtida com ativos disponíveis em Bolsa de Valores, pode iniciar sua jornada mesmo com poucos recursos. Os aportes, porém, devem ser frequentes em ações de empresas boas pagadoras de dividendos e cotas de fundos imobiliários consolidados.

> Todos os proventos obtidos com os papéis do mercado de capitais devem ser reinvestidos em conjunto com os novos aportes. No começo, o fluxo de caixa gerado pode ser diminuto, mas a repetição das operações formará um volume de recursos considerável ao longo do tempo.

Se o Ribeirão das Anhumas percorre apenas 23 quilômetros, o Rio Tietê ultrapassa um milhar deles. Já o Rio Paraná percorre quase cinco mil km antes de desaguar no Rio da Prata. Nesse longo trajeto, esses rios recebem as águas de diversos cursos d'água menores. De modo semelhante ocorre a acumulação de valores de quem investe com essa estratégia.

Começar aos poucos e diversificar

O investidor no início de uma jornada pode pensar:

"O que um lote de cem ações pode fazer por mim? Pagar-me centavos de real duas ou três vezes por ano?"

Ocorre que um lote de ações pode se encontrar com outro no mês seguinte e seis meses depois o volume de investimentos pode ser maior. Além disso, não podemos desprezar a força das chuvas, que aumentam os volumes dos rios consideravelmente. O Rio da Prata não recebe apenas o volume de água de incontáveis nascentes, mas de toda a atividade pluviométrica nas bacias do sistema.

Quando chove no mercado financeiro, é sinal de que as ações estão se valorizando. Porém, mesmo em tempos de seca, grandes rios não deixam de ser navegáveis. Portanto, um investidor sábio não deve investir num córrego intermitente, mas em ativos capazes de fazer os juros compostos trabalharem empurrados pela força da natureza.

\\\\\\\\\\\\\\\\\\\\\\\\\//////

MEMORANDO # 22
Sobre a importância da diversificação

A diversificação, assim como a margem de segurança, é um dos pilares dos investimentos em valor no longo prazo.

Não há uma regra absoluta sobre a quantidade de ativos que o investidor deve manter em sua carteira, mas um número entre 10 e 20 ativos é bastante razoável. Abaixo de 10, o investidor pode ficar exposto a um ativo com alta concentração de recursos, ou seja, mais de 10 % da carteira. E acima de 20 pode haver dificuldade para acompanhar tudo.

Obviamente, no começo de uma jornada, o investidor terá concentração de recursos em poucos ativos. Porém, com o tempo ele pode equalizar sua carteira nos termos descritos anteriormente.

Além da quantidade de ativos, uma boa diversificação deve ser qualitativa, distribuindo recursos entre fundos imobiliários e ações.

Dentro dos FIIs, a diversificação pode ocorrer entre seus tipos, como fundos de tijolos, fundos de papéis e fundos de fundos. Já entre as ações, a diversificação deve privilegiar setores de atividades distintos, como o energético, o financeiro e o de varejo, entre outros.

XXIII
VENCENDO A ZONA DE ARREBENTAÇÃO

A capacidade de aprender com outros é um atributo valioso para investidores. Boas lições podem ser ensinadas por pescadores, velejadores e surfistas. Todos eles sabem como transpor a zona de arrebentação das ondas, que também atuam no mercado financeiro.

A humanidade tem forte ligação com os oceanos, onde a vida se originou na Terra, conforme a Teoria da Evolução proposta por Charles Darwin. Se atentarmos para os países de dimensões continentais, suas principais cidades são costeiras ou muito próximas do litoral. Vide quantas capitais estaduais do Brasil são litorâneas.

Os mares oferecem suporte para a economia global através das trocas de matéria-prima, alimentos e manufaturas entre os portos internacionais. Comunidades inteiras são dependentes da pesca e milhões de pessoas em diversos países encontram no mar um cenário para descanso e a prática de esportes. Não por acaso, as praias e os mares são fonte de inspiração para poetas, compositores, escritores e – por que não? – para investidores do mercado de capitais.

Do banhista de verão ao aventureiro dos sete mares, a maioria dos brasileiros guarda lembranças marcantes de suas experiências praianas. Quem se protege sob um guarda-sol, olha para frente e vê as ondas arrebentando nos bancos de areia da praia, diante de jovens pegando "jacarés" – uma espécie de *bodyboarding* sem prancha.

Progressão em diagonal

No canto da praia pode haver uma colônia de pescadores, que partem em seus barcos nas madrugadas, para trazer peixes para o mercado e o ganha-pão para casa. Você já embarcou numa pescaria desse tipo? É uma experiência enriquecedora.

> Os cardumes que esses pescadores procuram ficam além da zona de arrebentação das ondas nas praias. Para vencê-las, os barquinhos não podem enfrentar as ondas de frente, pois seria contraproducente, além de arriscado. Ao tentar navegar de lado em relação às ondas, os barcos de pequeno porte podem virar, ou simplesmente não conseguem se distanciar da orla. Então, os barcos pesqueiros passam pelas ondas de forma diagonal.

Aqui temos uma lição para o investidor em começo de carreira. Nos primeiros anos, é difícil vencer a zona de arrebentação dos aportes em ativos geradores de renda passiva. A questão primordial para investir é ter algum dinheiro poupado.

Existem pessoas que desejam acelerar o processo de enriquecimento, colocando todas as economias mensais no mercado financeiro, enfrentando as ondas de frente, abrindo mão de todo o resto, como metas de curto e médio prazo, além de atividades de lazer. Logo essas pessoas se cansam, pois o poder dos juros compostos leva um tempo considerável antes de agir com resultados expressivos sobre os investimentos.

A maioria das pessoas passa a vida nadando lateralmente em relação às ondas, no esquema *"deixe a vida me levar"* – que no caso se converte em *"deixe as ondas me levarem"*.

São indivíduos que consomem seu capital no presente, sem levar em conta o longo prazo. Além do risco de se endividarem, pegando uma onda que as leve para um paredão de corais, essas pessoas nunca vencerão a zona de arrebentação.

Por fim, temos os investidores equilibrados, que progridem de modo diagonal frente ao desafio de olhar para o longo prazo e desfrutar do presente. Eles reservam parte de suas economias para o mercado financeiro, deixando outra parte num fundo de emergência e ainda um montante para objetivos de curto prazo. São pessoas que também se divertem enquanto saem para uma pescaria.

Saber ajustar as velas

Por vezes, pescadores se encontram com velejadores em alto-mar. Os velejadores que não dispõem de uma marina protegida da zona de arrebentação das ondas – em baías, canais ou estreitos – também singram diagonalmente a partir das praias, até encontrar águas mais calmas em alto-mar, onde podem lidar com as brisas sem se importar se elas sopram contra ou a favor.

Igualmente, um bom investidor deve saber ajustar as velas para navegar por ciclos de alta e de baixa no mercado financeiro. Quando as ações das melhores empresas estão caras demais, o investidor deve aumentar suas reservas em renda fixa. Assim, quando o vento virar, ele poderá encher sua vela e sua carteira de ativos, comprando ações com descontos progressivos.

Em busca da liberdade

Voltando à praia, vemos surfistas cortando as ondas e atravessando tubos com maestria. Poucos esportes no mundo representam tão bem o espírito da liberdade como o surfe. Se um investidor deseja alcançar a liberdade financeira, ele também pode aprender algo com os surfistas.

Para aprender a surfar, a primeira coisa que alguém deve saber não é ficar de pé em cima da prancha, mas ficar deitado sobre ela para remar com os braços. É desse modo que o surfista vence a zona de arrebentação para pegar as ondas no ponto certo, onde ele se levanta para realizar as manobras.

Remar deitado sobre a prancha é como obter renda a partir de um trabalho. É o excedente dessa renda que permite ao investidor ficar de pé para usar as ondas a seu favor, obtendo renda passiva das ações de grandes empresas e cotas de fundos imobiliários consolidados, através dos dividendos.

A prática recorrente

Pescar, velejar, surfar. Você pode aprender essas atividades na teoria em poucos dias, mas só será bem-sucedido, na prática, com a própria prática. É a repetição dos procedimentos corretos que gera os progressos necessários para pescadores, velejadores e surfistas. São processos que exigem disciplina e paciência de seus praticantes.

Disciplina, paciência e prática recorrente. Estes são três fatores primordiais para um investidor que almeja o sucesso no mercado de capitais no longo prazo.

Na teoria, não existem segredos que devem ser guardados em cofres. A receita é simples: poupar com diligência e fazer aportes com margem de segurança durante meses ou mesmo anos.

> O tempo necessário para vencer a zona de arrebentação dos juros compostos é variável de investidor para investidor. Porém, não deixa de ser uma questão de tempo para aqueles que seguem os princípios aqui retratados.

MEMORANDO # 23
Sobre a importância de evitar radicalismos

Na década de 1980 a juventude repetia um ditado atribuído ao roqueiro Lobão: "É melhor viver 10 anos a 1.000 do que 1.000 anos a 10". Já pensou se pudéssemos viver 500 anos a 500 km/h? Esse equilíbrio é realmente difícil de encontrar, mas deve ser perseguido.

Portanto, entre viver perdulariamente apenas o dia de hoje e viver pensando num futuro distante, economizando todos os centavos para alcançar a independência financeira, há o caminho do meio, que permite desfrutar a vida agora, com sensibilidade, sem prejudicar o conceito previdenciário dos investimentos.

Investir com a mentalidade do longo prazo não significa que a vida pode esperar. A vida tem sua brevidade inegociável e, por isso, devemos nos presentear de tempos em tempos, sempre que alguma meta traçada for cumprida.

XXIV
A DIFÍCIL CULTURA DO LONGO PRAZO

A Modernidade acelerou os ciclos das atividades humanas, levando-nos a crer que o imediatismo é algo natural. Mas não é. A história nos mostra que grandes conquistas levam tempo para se consolidar, por mais revolucionárias que sejam.

Os empreendimentos mais importantes da história ocidental foram as expedições marítimas financiadas pelas coroas da Península Ibérica, com o objetivo de encontrar novas rotas de comércio para as Índias. Uma das consequências dessa iniciativa foi o descobrimento do Novo Mundo no fim do século XV, que logo ganhou o nome de "América". A certidão de nascimento do Brasil, a propósito, é a carta escrita por Pero Vaz de Caminha em primeiro de maio de 1500. Como a frota de Pedro Álvares Cabral foi para a Índia antes de retornar a Portugal, essa carta chegou ao Rei Dom Manoel somente em 1501.

As caravelas portuguesas só conseguiram retornar para a Europa porque seus navegantes se guiavam pelas constelações. O trabalho intelectual dos marinheiros era noturno, observando as estrelas da abóbada celeste, que nunca mentem. Durante o dia, tudo o que era preciso fazer era manter a nau no rumo traçado – um trabalho meramente braçal de controlar o leme e ajustar as velas. Imagine você, esperar quase um ano para receber uma carta com o relato de que seu investimento deu certo, muito certo.

Neste ponto, você pode perguntar: *"O que isso tem a ver com investir na Bolsa de Valores?"* – Calma, que a gente já chega lá.

Vamos pular alguns séculos. Estamos em 1844. Samuel Morse

acaba de desenvolver um código de comunicação via telégrafo. A primeira linha liga as cidades de Baltimore e Washington, nos Estados Unidos. Sua patente o deixa rico, pois seu sistema de troca de mensagens representa uma revolução tecnológica dentro da Revolução Industrial, iniciada algumas décadas antes. O volume de informações – e a sua velocidade de circulação – aumenta substancialmente entre governos, empresas, e mesmo entre as forças armadas.

"OK, mas e a Bolsa?" – Espere um pouco, estamos a caminho.

O imediatismo é antinatural

Estamos em 2021. Milhões de pessoas ao redor do mundo se comunicam por aparelhos de telefone celular, munidos de aplicativos como o WhatsApp, que trocam mensagens instantâneas.

Se, em 1501, o rei de Portugal esperou meses para saber que seus comandados encontraram o paraíso em terras austrais, hoje nos irritamos se alguém demora mais de trinta segundos para responder ao nosso "bom dia" com um *emoticon*.

Atualmente, o volume de informações que circula via *smartphones* em um minuto é superior ao volume de informações que circulava por epístolas manuscritas durante semanas na Idade Média. Não é preciso ser um neurocientista para constatar que nossa mente não está preparada para lidar com tal cenário, por muito tempo. Nosso DNA evolui muito lentamente e não está programado para reagir a tantos estímulos. Por isso, estamos conhecendo doenças novas e psicossomáticas: a ansiedade crônica, a depressão e o estresse mental.

"Alô, Bolsa?" – É a nossa vez de perguntar: qual é a sua expectativa de retornos ao investir em Bolsa de Valores?

Provavelmente, em algum momento, você já pensou em ficar rico rapidamente ao ingressar na Bolsa. Se for o seu caso, não se culpe. Nós somos o tempo todo bombardeados por estímulos que nos levam a ser imediatistas.

Vamos a uma lanchonete e queremos o sanduíche servido junto com a nota fiscal no caixa, pois as redes de *fast-food* nos acostumaram a esse padrão de agilidade. Tem gente que compra ingressos de cinema pela Internet, para não ter que esperar na fila presencial, antes de a sessão começar.

A audiência das corridas de Fórmula 1 está caindo, pois as pessoas estão perdendo a paciência de acompanhar um Grande Prêmio por mais de uma hora e meia. Até o hábito de ouvir discos de vinil caiu em desuso. Ao invés de ficar sentado durante quarenta minutos para apreciar um álbum, os jovens estão pulando faixas em seus aplicativos a cada quarenta segundos.

Escrevemos um texto mais comprido e tem gente que não consegue terminar a leitura. Outros querem aprender temas complexos, como investimentos em renda variável, em vídeos no YouTube com duração máxima de cinco minutos – como se fosse possível para investidores com dez, vinte anos de mercado, passar todo o seu conhecimento dessa forma.

Com todo o marketing de guerrilha e a publicidade agressiva disputando migalhas da nossa atenção, realmente fica difícil recomendar aos potenciais investidores que foquem no longo prazo, quando eles têm no bolso um *smartphone* capaz de acessar a cotação de qualquer papel em tempo real.

Muitos são levados a crer que podem comprar ações de manhã e vendê-las de tarde com algum lucro considerável, girando a carteira de investimentos como se ela fosse um *cooler* de processadores para computador.

Porém, apesar de todas as evidências tecnológicas que nos fazem crer no contrário, investir em Bolsa de Valores é uma atividade que naturalmente deveria ser de longo prazo.

A longa travessia

Investir na Bolsa não é como compartilhar um *meme* no Facebook em troca de algumas curtidas. Investir é como escrever uma carta relatando a necessidade de ter uma vida mais segura e confortável, e embarcá-la em um navio que atravessará o oceano em direção à independência financeira. Nesse navio, você também é o capitão. É preciso se guiar pelas estrelas.

> Quem são as estrelas do mercado financeiro? São os grandes investidores, como Benjamin Graham, Jerome Newman, Warren Buffett, Charlie Munger e Luiz Barsi Filho. Nenhum deles foi imediatista. Todos abraçaram o *Value Investing*. Assim como eles, milhares de anônimos alcançaram o sucesso nas Bolsas de Valores. Em comum, tais investidores nunca se fixaram no sobe e desce das marés. O movimento das ondas e as flutuações do mercado não os deixaram enjoados. Ao fitar o horizonte, eles nos mostraram o caminho.

MEMORANDO # 24
Sobre as promessas de dinheiro fácil e rápido

O empresário e investidor Tiago Reis já era independente financeiramente aos 30 anos de idade, antes de fundar a Suno Research. Ele começou a investir com menos de 17. Tempo suficiente para aprender que não existe dinheiro fácil e rápido no mercado financeiro. É dele uma frase emblemática:

"O único dinheiro fácil está em vender promessa de dinheiro fácil."

Ele complementa:

"No mercado de capitais não existem atalhos. Se tem promessa de dinheiro fácil, nem precisa ler o que vem em seguida."

A vontade de enriquecer rapidamente por meio da Bolsa de Valores leva muita gente a perder dinheiro não apenas com operações malsucedidas, mas também com cursos, palestras e consultorias oferecidos por pretensos gurus da prosperidade e empresas que jogam pesado na exploração de gatilhos mentais embutidos em suas apelativas campanhas publicitárias.

Fórmulas mágicas e secretas são embaladas em planos mirabolantes que implicam variações de estratégias especulativas e muito arriscadas, principalmente quando baseadas em alta alavancagem. O que dá certo para alguns serve apenas para alimentar a ganância dos demais, pois a maioria absoluta quebra ou não obtém os resultados esperados.

O dinheiro de quem vendeu a ilusão, porém, está garantido.

XXV
O LONGO PRAZO PREMIA
A FORÇA DE VONTADE

Quem ganha seu dinheiro de forma suada sabe que ele não deve ser investido ao sabor da sorte. Existe alguma estratégia de investimento que premia mais o esforço do que o talento e a inteligência, que são variáveis? Existe, e ela está ao alcance de todos.

Caminhamos pelos centros das grandes cidades e vemos muita gente talentosa exibindo seus dons diante de uma lata com algumas moedas. O violinista parece mais virtuoso do que aquele que se casou com a filha de um cantor sertanejo. Porém, ele não está no programa da TV recebendo aplausos. Está olhando para você, esperando que tire uns trocados do bolso, num gesto de agradecimento por alguns acordes inspiradores.

O que diferencia um músico do outro? Aos ouvidos de um leigo, quase nada. Mas a sorte parece ter faltado para um e sobrado para o outro – ou será que foram os contatos com as pessoas certas, ou a falta deles, que resultaram em oportunidades distintas?

Por vezes, o universo parece ser indiferente com as pessoas. O melhor aluno da sala nem sempre é o melhor profissional do mercado de trabalho. O doutor em Economia nem sempre consegue pagar as contas no fim do mês. Este pode viver em casa de aluguel e nem desconfiar que o dono dela já foi pedreiro por trinta anos – e sequer completou o ensino primário.

De algum modo, confundimos inteligência com instrução, e talento com garantia de sucesso. Somos educados para pensar assim, mas estamos errados.

Vincent van Gogh, nascido numa família holandesa de classe média alta, foi um fracasso em vida, embora a tenha dedicado à pintura, com mais de duas mil obras realizadas. Seu talento só foi reconhecido anos depois de seu passamento, em 1890, a ponto de ele ser considerado um gênio incompreendido de sua época.

O preço da realização

Inteligência e talento são fatores importantes? Sim. São decisivos? Nem sempre. Você já viu uma pessoa medíocre ocupando uma posição de destaque numa empresa ou numa repartição pública, pois seu grande trunfo era ser protegida por algum chefe ou cacique político? Você já espumou de raiva por causa disso?

> Em maior ou menor grau todos nós somos dotados de alguma inteligência e algum talento. Para o bem da sociedade, essas aptidões são distintas. Porém, o grande fator que diferencia as pessoas está na força de vontade.

É a força de vontade que permite a muita gente trabalhar em dois turnos e ainda cursar uma faculdade de noite. É a força de vontade que permitiu ao sujeito que passava fome no Vêneto se enfiar um transatlântico e descer no porto de Santos, sem saber em que sertão teria que arar a terra com uma enxada, antes de comprar o primeiro par de sapatos.

> Quem cursa uma faculdade de noite ou troca de continente para ter uma vida melhor é movido inicialmente por um sonho. Sonhar é de graça. O que pode custar muito caro é a força de vontade – ou a falta dela – para realizar o sonho.

O ingrediente comum dos vencedores

Somente uma boa ideia não é suficiente para uma empresa prosperar. É preciso reunir uma equipe competente e capaz de trabalhar incansavelmente para alcançar metas. Para cada Steve Jobs, de quantos funcionários devotados uma Apple precisa para ser uma das empresas com maior valor de mercado no mundo? Mais de 40 mil. Da quantidade vem a qualidade.

Quando a imprensa divulga estimativas sobre o patrimônio bilionário de grandes investidores do mercado financeiro, é compreensível que muitos associem o perfil deles com o de pessoas inteligentes e talentosas.

Porém, basta estudar um pouco a biografia deles para constatar um traço de personalidade em comum: eles cultivaram a força de vontade por décadas, o que permitiu que se tornassem parceiros de grandes empresas, mesmo quando elas atravessavam momentos de baixa nas cotações.

O motor de qualquer estratégia vencedora de investimentos é ter capital suficiente para fazer aportes recorrentes no mercado de capitais. Para quem ainda não colheu os primeiros dividendos para reinvestir, esse capital só fica disponível quando alguém consegue viver com menos do que ganha.

A pedra angular da educação financeira

O princípio da educação financeira é justamente conseguir poupar dinheiro mensalmente. É preciso ter a inteligência acima da média para compreender isso? De modo algum. É preciso ter algum talento para conseguir isso? Só se for para manter o atual padrão de consumo e aumentar a renda no ofício. Mas esse não é um aspecto fundamental.

O fundamental para economizar dinheiro é ter força de vontade. Saber que é preciso deixar de ir ao restaurante favorito uma vez por semana, para ir apenas uma vez ao mês, é fácil.

Difícil é resistir à tentação e à comodidade de jantar fora de casa. Saber que a camisa polo de marca custas três vezes mais que a camisa genérica – e tão boa quanto – é fácil. Difícil é controlar a vaidade.

> Se, para investir suas economias no mercado financeiro, as pessoas dependessem de muita inteligência e talento, então as empresas de capital aberto quebrariam uma após a outra, pois as Bolsas de Valores ao redor do mundo agregam pessoas de vários estratos da sociedade. Mesmo os grandes fundos de investimento também captam recursos de trabalhadores comuns.

Persistir até conseguir

Uma das belezas do mercado de capitais é que, independente do talento e da capacidade intelectual das pessoas, ele premia quem investe no longo prazo, com força de vontade, mesmo quando a estratégia for defensiva e conservadora, baseada em dividendos que são reinvestidos junto com novos aportes, por anos a fio.

Professores, médicos, advogados, engenheiros, comerciantes, nutricionistas. Eles não possuem obrigação alguma de saber se a empresa A é melhor que a empresa B para investir. Eles são úteis para a sociedade dedicando-se com afinco a seus ofícios. Se quiserem atuar como investidores, vão precisar de parte desse afinco para poupar recursos.

> Eles não dispõem de tempo para fazer jogadas mirabolantes com alta rentabilidade e alto risco, capazes de levá-los ao Olimpo ou à sarjeta em questão de minutos. Por isso, eles precisam investir no longo prazo, em ativos suportados por gente como eles: repleta de força de vontade.

MEMORANDO # 25
Sobre o poder dos juros compostos

O atleta corre cem metros em busca de uma medalha de ouro, prata ou bronze. A aluna estuda para tirar uma nota alta na prova, que a faça passar de ano. Muitos de nós trabalhamos um mês para receber um salário. Em vários sentidos, somos condicionados a receber algo em troca de nosso mérito: uma premiação, uma promoção, um reconhecimento. Certo imediatismo impera nessa expectativa.

Em muitos aspectos da vida, no entanto, o esforço que alguém emprega num empreendimento não é recompensado rapidamente e nem sempre isso ocorre. É o caso de quem investe com mentalidade de longo prazo, numa atividade que envolve riscos inerentes à renda variável.

Porém, um investidor sabe que está no caminho certo quando começa a receber os rendimentos provenientes dos ativos incorporados à sua carteira. Leva tempo, mas a reaplicação de tais recursos em novos aportes ativa o poder dos juros compostos, cujo desempenho pode ser tímido no começo, mas com o tempo desenha uma curva ascendente e exponencial no gráfico de retornos do investidor.

Nunca é demais lembrar isso.

Medalhas perdem o brilho, notas escolares não valem para o período seguinte e salários são gastos, mas o poder dos juros compostos premia o investidor com reverberações contínuas e crescentes.

XXVI
ONDE BUSCAR DISCIPLINA
E PACIÊNCIA PARA INVESTIR?

O que um investidor leva para o mercado financeiro não é apenas o seu dinheiro poupado. Todo investidor leva também um pouco do seu caráter e conceitos que ele assimilou ao longo da vida. O que não pode faltar é disciplina e paciência para investir no longo prazo.

Todo investidor de longo prazo já ouviu esse conselho várias vezes: para ser bem-sucedido na Bolsa de Valores é preciso ter disciplina e paciência. Disciplina para poupar recursos mensalmente antes de realizar os aportes em ativos consolidados e mantê-los na carteira em ciclos de baixa do mercado de capitais. Paciência para esperar os projetos promissores das empresas vingarem e para o poder dos juros compostos começar a agir sensivelmente diante do reinvestimento dos dividendos que, no começo de uma jornada, podem parecer pequenos demais (lembrando que esses dividendos podem se originar tanto de ações quanto de fundos imobiliários).

Para muitos investidores bem-sucedidos, ter disciplina e paciência é tão ou mais importante que ter inteligência acima da média.

A estratégia vencedora é simples: comprar ações de empresas pagadoras de dividendos, com ótimos fundamentos e que estejam com preços descontados; e cotas de fundos imobiliários com histórico de boa administração e entrega de proventos. O reinvestimento metódico da renda passiva oriunda de tais ativos, somado com a parte poupada da renda obtida com um ofício, fará o resto do trabalho, num processo que pode levar anos ou até décadas, dependendo do caso.

Quem ingressa no mercado de capitais com a esperança de enriquecer rapidamente, com o sonho de obter logo a independência financeira para tirar um ano sabático, por exemplo, poderá sofrer muito assim que passar pela primeira fase de quedas sucessivas na Bolsa. A falta de disciplina e paciência é uma das responsáveis pela quebra de muitos especuladores, que vendem seus ativos na baixa e nunca mais retornam ao ambiente dos investimentos.

> Aprender a ter disciplina e paciência com o próprio mercado de capitais pode ser um processo caro e demorado demais. Seria bom que investidores novatos já ingressassem na Bolsa carregando essas características. Mas onde elas podem ser assimiladas?

Fazendo a lição de casa

Parte da resposta está na infância de cada um e nas brincadeiras e jogos que podemos incentivar entre as crianças e adolescentes. Quer um exemplo fácil? Completar um álbum de figurinhas com jogadores das seleções de futebol que disputam a Copa do Mundo.

Mesmo que os pais quisessem, eles não poderiam comprar todas as figurinhas de uma só vez para suas crianças, dado que os envelopes são sortidos. Então, as pessoas sensatas compram envelopes aos poucos e vão colando as figurinhas no álbum paulatinamente, indo para o "mercado" trocar as figurinhas repetidas. É um processo que requer disciplina e paciência. Note que existe um conceito de comunidade envolvido nisso.

Montar quebra-cabeças junto com os pais também gera nas crianças um sentimento de disciplina e paciência, para procurar e encaixar as peças no seu devido lugar. O mesmo se aplica aos *kits* de montagem de maquetes de aviões, trens, automóveis e edificações. Blocos de montar desenvolvem o raciocínio lógico enquanto exercitam a disciplina e a paciência entre seus praticantes.

Jogos de tabuleiro que podem levar horas para serem concluídos, como xadrez e gamão, são ótimos para reunir a família e os amigos, assim como séries de partidas de damas, trilha e dominós: entretenimento comunitário que ensina, entre outras coisas, disciplina e paciência.

Cuidado com o excesso de conectividade

Infelizmente, muitas dessas atividades estão caindo em desuso frente a um adversário de peso no que se refere à atenção das pessoas: os *notebooks*, *tablets* e *smartphones* pulverizam as noções de disciplina, paciência e foco dos usuários, mediante a conectividade com a Internet e os jogos eletrônicos que são estimulantes visuais intermitentes, trazendo o isolamento do indivíduo como efeito colateral.

> O que esses equipamentos eletrônicos vendem para seus portadores são os resultados imediatos, na velocidade 4G. Para quem investe com foco no longo prazo, basear-se na aceleração dos pensamentos, induzida por eles, não é um bom caminho.

Muitos educadores concordam que os jovens devem combater o excesso de tempo dedicado aos jogos eletrônicos praticando atividades físicas como danças, artes marciais e esportes. Não por acaso, essas atividades exigem dedicação e exercícios repetitivos, que reforçam aspectos de disciplina e paciência, para testemunhar os resultados positivos, que não chegam de uma hora para outra.

Mesmo quem não pratica um esporte profissionalmente – como

tênis, vôlei, basquete, natação e ciclismo – pode colher os benefícios dos treinamentos regulares, tanto na forma física, como também no lado psicológico. Aqueles que revertem isso para o campo dos investimentos em Bolsa de Valores costumam obter bons rendimentos no longo prazo.

Rigidez e tradição

A Educação Física, quando incentivada nas escolas, também traz benefícios para os alunos. Há vários registros de estudantes com desempenho apenas mediano que, ao se dedicarem a um esporte praticado na escola, conseguem melhores notas em matérias mais tradicionais. Essa mentalidade, levada ao mercado de capitais no futuro, também será proveitosa.

Muitos colégios que, habitualmente, classificam alunos nos vestibulares mais concorridos das universidades são de matriz religiosa ou militar. Há inúmeras famílias que sequer declaram algum credo, mas matriculam seus filhos em escolas de ordens religiosas, dado que são focadas na disciplina, um atributo que leva ao cultivo da paciência e centraliza a atenção nos estudos.

Quem segue a carreira militar obviamente cultiva a disciplina e a paciência diariamente: todos nesse segmento da sociedade sabem que raramente chegarão aos postos de alta patente antes de colecionar os primeiros fios de cabelos brancos. Academias e institutos militares, além de formar excelentes profissionais nas áreas técnicas, fornecem por tabela, ao mercado financeiro, alguns de seus melhores analistas e investidores.

O dogma de evitar questões religiosas

Entre os grandes nomes do *Value Investing*, vários possuem histórico de práticas religiosas na juventude. Falar de religião e política na seara do mercado financeiro parece ser um tabu, ainda mais num mundo globalizado em franco processo de secularização. No entanto, se o objetivo é tirar lições positivas de algo que possa ser útil na jornada de um investidor, então os tabus devem ser derrubados, assim como os dogmas.

Warren Buffett, por exemplo, se está longe de ser um pregador evangélico, não se esquiva de fazer citações bíblicas em alguns de seus comunicados aos acionistas da Berkshire Hathaway. O maior investidor do mercado financeiro de todos os tempos foi criado numa família protestante em Omaha, a capital do Nebraska – um estado que, embora não faça parte do Cinturão Bíblico norte-americano, tem forte influência religiosa em sua cultura.

A postura pública de Warren Buffett, a despeito de suas origens, está mais para o agnosticismo do que para o engajamento religioso, mas é plausível a influência de ditames religiosos em seu meio e sua formação, que auxiliaram na construção de um caráter baseado na disciplina e na paciência.

Expoentes do *Value Investing*

Isto, porém, não é um atributo exclusivo dos protestantes. William J. Ruane formou-se em Engenharia Elétrica em 1945, graduando-se também pela Harvard Business School, em 1949. Ao lado de Rick Cunniff, criou o fundo Sequoia em 1970. Duas décadas depois, Ruane adotou uma grande extensão do Harlem em Nova York, iniciando um processo de revitalização na região, com a concessão de um programa de bolsas de estudos para uma escola católica.

Outro grande expoente do *Value Investing* foi Irvin Kahn, um dos mais longevos investidores e filantropos que se tem notícia. Ele morreu com 109 anos de idade, tendo iniciado sua carreira pouco antes do *crash* da Bolsa de Nova York em 1929. Entre outras honrarias, ele foi membro emérito do Fundo Judaico para Educação das Mulheres, reforçando a ligação entre religião e educação na vida das pessoas.

Regramento ortodoxo

O cristianismo e o judaísmo possuem livros sagrados em comum. A Torá dos judeus equivale ao Pentateuco, que são os cinco primeiros livros do Antigo Testamento na Bíblia dos cristãos. Esses livros contêm uma série de ritos e regramentos que interferem diretamente no cotidiano dos praticantes das religiões, como a adoção de um dia semanal para o descanso.

Não poder colher alimentos – ou mesmo cultivar a lavoura – em um dia por semana obrigava as pessoas a gerar reservas para manter suas refeições nessas ocasiões e em outras datas importantes do calendário religioso. No Antigo Israel, os agricultores eram orientados a cultivar suas terras por, no máximo, seis anos. No sétimo ano, as terras também deveriam descansar. Esta é a origem do ano sabático.

A geração de excedentes para manter uma comunidade num ano sabático era uma imposição lógica. A alternativa era contar com aqueles que poderiam cultivar suas terras num sistema de rodízio organizado pelos líderes comunitários. Temos aqui um grande exercício de disciplina e paciência, reforçado por uma noção de solidariedade.

Jejum e meditação

Os islâmicos também possuem costumes que enfatizam tais conceitos, claramente compreendidos no período anual do Ramadã, um mês sagrado de purificação no qual os muçulmanos praticam o jejum durante o dia, alimentando-se somente após o pôr do sol. Pesquisas científicas relacionam essa prática à prevenção de doenças relacionadas principalmente aos sistemas circulatório e digestivo. O fato é que aquele que respeita o Ramadã é forte candidato ao posto de investidor de longo prazo, dado que a disciplina e a paciência já fazem parte de seu âmago.

Nos três maiores credos monoteístas do mundo, a ênfase em ritos de desaceleração deixa implícita uma noção de que é praticamente impossível sustentar atividades humanas – especialmente as econômicas – em constante ascensão. Ou seja: os ciclos de baixa são compreendidos como naturais e as pessoas também devem se preparar para eles – uma lição válida para o mercado financeiro.

As grandes religiões orientais, como o budismo e o hinduísmo, também ajudam seus praticantes a reforçar aspectos de disciplina e paciência, por meio de meditações transcendentais sucessivas que levam as pessoas a se desapegar de valores materiais em busca do autoconhecimento. Budistas e hinduístas que levam as meditações a sério aprendem a viver no estilo "mais com menos": mais experiências sensitivas com menos consumismo.

Disso podemos concluir que adeptos de religiões orientais têm potencial para serem bons poupadores – um dos grandes atributos que um investidor de longo prazo pode possuir.

Ciência, cultura e artes

Não estamos aqui para defender qualquer tipo de crença específica, apenas para argumentar que elas ajudam a compor um estilo de vida mais regrado, que pode ser benéfico ao perfil do investidor de longo prazo.

Portanto, agnósticos e ateus não precisam se sentir em desvantagem em relação aos religiosos na busca por disciplina e paciência, uma vez que esses atributos podem ser assimilados em outras atividades culturais, artísticas e intelectuais.

Reservar um momento diário para ler um bom livro sempre será uma ótima pedida. Desligar o celular antes de entrar numa sala de teatro ou cinema também. Ouvir um álbum musical na íntegra, sem pular as faixas, começa a ser um belo desafio.

Os cientistas que assumem um comportamento cético por convicção também exercitam os atributos da disciplina e da paciência para lidar, justamente, com os métodos científicos. Poucas atividades humanas são mais regradas e fiscalizadas do que os experimentos científicos nas diversas áreas do conhecimento.

Nas universidades e nos laboratórios de grandes empresas, o processo de tentativa e erro para cercar todas as possibilidades de alguma tese geralmente requer repetições exaustivas de procedimentos normatizados. De onde se conclui que cientistas também são sérios candidatos a investidores de longo prazo. Muitos deles já são empreendedores de longo prazo, quando pesquisas em determinados temas lhes consomem anos de carreira.

Investidores de longo prazo são peregrinos

É senso comum que investir no longo prazo é como empreender uma longa jornada. Não é condição obrigatória ter alguma religião para iniciar uma. Caso contrário, não veríamos agnósticos decidindo percorrer o Caminho de Santiago de Compostela, unindo uma atividade física a uma viagem de caráter místico e valendo-se, sobretudo, da disciplina e da paciência para chegar até o final, por rotas diversas, mas sempre vencendo longas distâncias.

Investir no longo prazo não é um fim em si mesmo e apressar o fim de uma jornada é como perder a chance de aprender algo no caminho. Decerto, devemos ter em mente que, independente da religião de cada um – ou da ausência dela –, quando estamos diante de um *Home Broker*, estamos apenas por nossa conta. Isto não significa que devemos agir sozinhos: reconhecer outros peregrinos nesta jornada, com quem podemos trocar figurinhas, pode ser tão saudável quanto cultivar a disciplina e a paciência.

\\\\\\\\\\\\\\\\\\\\\\\\\\\\\\//

MEMORANDO # 26
Sobre a necessidade do autoconhecimento

Operar um Home Broker *para ter acesso remoto ao pregão eletrônico da Bolsa de Valores é uma das atividades mais impessoais que podemos desempenhar. Afinal de contas, nunca sabemos quem está do outro lado da operação para comprar ou vender um ativo.*

Você pode ser um ateu convicto e fazer negócio com um religioso ortodoxo, por exemplo: talvez, se a transação dependesse de um aperto de mãos, a outra parte pudesse recusar a operação. Nas transações da Bolsa não existem preconceitos contra credos, raças, sexo e orientação política. Essa ideia é bela, mas não anula o fato de que o investidor é um sujeito carregado de valores morais e crenças que desenvolveu ao longo da vida. É preciso saber até que ponto isso ajuda ou atrapalha em seu desempenho nos investimentos.

Somente com o autoconhecimento um investidor consegue extrair coisas boas de seu repertório cultural, que lhe ajudam a tomar boas decisões, ao passo que certas convicções, que lhe são incutidas e que sabidamente são irracionais, podem ser refreadas.

XXVII
O PESSIMISMO COMO ESTRATÉGIA DE INVESTIMENTO

De tempos em tempos a Bolsa de São Paulo se aproxima de suas máximas históricas, com aumento de pessoas físicas cadastradas em seus bancos de dados. Cenário ideal para incentivar investidores novatos e otimistas. Mas não seria melhor ser pessimista nessas horas?

O século XXI chegou feito uma bandeira amarela numa corrida das 500 milhas de Indianápolis, embaralhando os retardatários da prova com os competidores mais preparados. No YouTube, autoridades colegiais nascem diariamente falando sobre assuntos complexos e obtendo mais audiência do que doutores acostumados a escrever, mas sem traquejo para falar.

Hoje qualquer pessoa pode ter o seu canal de comunicação, angariar seguidores e seguir muita gente. O acesso à informação foi democratizado na enésima potência, mas o acesso ao conhecimento ainda não acompanhou este processo, pois são tantos os estímulos que não sabemos precisamente em quem prestar atenção.

Decerto, muita gente não tem nada de novo para acrescentar e apenas reproduz o que outras pessoas já disseram. Este talvez seja um critério para eleger quem são as autoridades de fato: saber quantas pessoas repercutem o que os autores aparentemente mais destacados afirmam.

Outro caminho, mais conservador e menos influenciado pelo comportamento de manada, é recorrer aos clássicos, desde os filósofos da Grécia Antiga, passando por pensadores do Império Romano e chegando ao Iluminismo: Platão, Sócrates, Epicuro, Sêneca, Cícero, Voltaire, Descartes e Schopenhauer, só para citar alguns.

Nenhum deles conheceu as modernas Bolsas de Valores, embora se saiba que Descartes ganhou dinheiro deste modo, na Bolsa embrionária de Amsterdam, em pleno século XVII. Porém, muito do que esses autores imortais produziram pode ser traduzido com sucesso para o ambiente do mercado financeiro e para o amadurecimento da mentalidade do investidor.

O tripé da felicidade

Epicuro, por exemplo, viveu três séculos antes de Cristo e ocupou sua vida tratando da busca pela felicidade, que para ele poderia ser alcançada através de um tripé que consistia numa vida bem analisada, na companhia de amigos sinceros e leais e na liberdade. Liberdade que se baseava inclusive na independência financeira, não no sentido da obtenção da riqueza pela riqueza, mas no ajuste do padrão de vida de modo a não depender de questões políticas e econômicas regidas por personagens tiranos.

Quem investe no mercado de capitais e gosta de ler já ouviu falar de autores como Taleb e Damodaran. O primeiro é conhecido por sua abordagem sobre o caos e sobre a necessidade de ser antifrágil para se proteger dos "cisnes negros". O segundo é o guru do *Valuation* e do manejo de investimentos.

Ironicamente, Sêneca, que viveu dois milênios antes de Taleb, não conhecia o termo "antifrágil", mas numa de suas cartas para Lucílio apresentava uma indagação que dava conta deste conceito:

> *"De que maneira a inconstância e a mudança do acaso podem perturbar aquele que permanece estável na instabilidade?"*

Logicamente, a leitura de autores badalados pelos agentes do mercado financeiro é sempre válida, mas há outros que merecem ser conhecidos. Entre eles está o filósofo Alain de Botton. Ele não aborda diretamente as questões comportamentais de investidores no mercado financeiro, mas, como catalisador de autores clássicos da História, podemos tirar valiosas lições de seu discurso.

O pessimismo segundo Botton

Alain de Botton prega que as pessoas devem ser mais pessimistas. Para ele, *"o otimismo é a maior falha do mundo moderno".* No entanto, o pessimismo a que se refere não é aquele relacionado com a alimentação de pensamentos negativistas, mas tão somente aquele que combate o excesso de expectativas, pois são expectativas não realizadas as maiores causadoras das frustrações para as pessoas.

Por exemplo:

"Vou cursar Economia na melhor faculdade de São Paulo e depois terei um ótimo emprego."

"Estou namorando aquela pessoa e em breve ela se casará comigo."

"Ingressarei na Bolsa de Valores e ficarei rico rapidamente."

Essas coisas podem não acontecer, o que seria normal. Mas o otimista talvez pense que isso terá sido um grande azar e que não deveria ter acontecido com ele. Grandes expectativas frustradas causam grandes estragos emocionais.

O espirro

Suponha que alguém espirrou na rua. Se for um otimista, ele poderá pensar:

"Foi só um espirro. Tem muita poeira nesta calçada."

Já se for um pessimista, o pior será esperado:

"Será que vou ficar gripado e perder três dias de trabalho? Vou adiantar alguns compromissos para esta semana ainda hoje."

No dia seguinte o sujeito ficou resfriado. Como otimista, ele ficaria chateado. Mas o pessimista conclui:

"Oba, foi só um resfriado. Posso trabalhar. Vou sarar mais rápido."

Como essa lógica funciona na Bolsa de Valores?

Entra governo, sai governo e o Congresso Nacional vive discutindo reformas. Você escolhe o tema: reforma trabalhista, tributária, política, previdenciária. Tanto faz. O humor do mercado invariavelmente responde aos avanços e retrocessos dessas pautas. Como um otimista convicto pode reagir a isto?

"A reforma será aprovada integralmente ainda neste semestre. A Bolsa vai subir feito um foguete. Vou comprar todas as ações que puder agora."

E para o pessimista, como seria?

"Esta reforma não sai de jeito nenhum. É questão de tempo para que os investidores estrangeiros comecem a tirar dinheiro daqui. A Bolsa vai despencar. Como as ações das melhores empresas ficarão mais baratas, vou dividir meus aportes em ativos de renda variável e títulos resgatáveis de renda fixa, para poder comprar de baciada quando os demais estiverem desesperados para vender."

Provavelmente não vai acontecer nem uma coisa nem outra. Tais reformas nunca são aprovadas integralmente, em tempo ágil, nem engavetadas. Podem ocorrer atrasos e modificações nos textos originais, que servem para a classe política empurrar os problemas com a barriga. Os detalhes desses acordos são imprevisíveis, mas qualquer coisa que aconteça no meio do caminho vai beneficiar o investidor pessimista, e não o otimista demais.

Precaução e canja de galinha

De fato, quando a Bolsa de São Paulo entra numa fase que favorece os otimistas, beirando máximas históricas, muita gente empolgada mergulha de cabeça na renda variável. É questão de tempo para a frustração pegar muitos de surpresa. Mas os poucos pessimistas seguem firmes, esperando pelo pior, uma vez que qualquer coisa diferente disso será lucro.

Epicuro cultivava hábitos simples e se vestia sem pompas. A comida que o alimentava era saudável, embora pouco sofisticada, mas ele fazia questão de fazer as refeições entre amigos. Quando lhe ofereciam um talho de queijo, o presente era recebido como um banquete.

> O mestre de Alain de Botton tinha poucas expectativas: se fosse um investidor moderno na Bolsa de Valores, teria grandes chances de sucesso.

MEMORANDO # 27
Sobre ser defensivo dentro de um ambiente agressivo

Os bancos e corretoras, de tempos em tempos, pedem para os clientes responderem a questionários para atualização de perfis. Os termos podem variar, mas os investidores são classificados como conservadores (ou defensivos), moderados e arrojados (ou agressivos).

Para grandes bancos, quem deixa o dinheiro parado na caderneta de poupança é conservador e quem coloca ao menos um real em renda variável já é arrojado. Os bancos apreciam clientes moderados: aqueles que consomem seus produtos de renda fixa.

Portanto, do ponto de vista geral, quem ingressa na Bolsa já é considerado um investidor arrojado, mas dentro desse ambiente podemos retomar as classificações e, aí sim, será de bom tom agir defensivamente, investindo em empresas e fundos imobiliários com ótimos fundamentos, ficando longe das opções e de outras práticas especulativas que podem, sim, ser muito lucrativas, mas que podem levar um sujeito à bancarrota.

Vale lembrar duas regras atribuídas a Warren Buffett para os investimentos:

Regra número 1: "Nunca perder dinheiro".

Regra número 2: "Nunca se esquecer da regra número 1".

XXVIII
OS CICLOS SÃO IMPLACÁVEIS

A euforia é uma péssima conselheira. Ela turva a visão e a memória de quem investe na Bolsa num ciclo de alta, e pula fora pela janela quando um ciclo de baixa se instala na sala de estar do mercado financeiro, com o desespero batendo na porta.

O universo é regido por ciclos. Há uma teoria que diz que o *Big Bang* deu origem ao universo a partir de uma explosão de partículas ultraconcentradas, provocando a sua expansão durante bilhões de anos. Por essa teoria, haverá um momento em que o universo deixará de se expandir e passará a se retrair, até que todas as suas partículas se agrupem novamente, quando ocorrerá um novo *Big Bang*.

Ou seja, o universo é como se fosse um pulmão inflando e desinflando, não várias vezes por minuto, mas de bilhões em bilhões de anos. É o processo de inspiração e expiração que mantém os seres vivos respirando. Experimente encher seus pulmões de ar e tente segurar pelo tempo que suportar: cedo ou tarde você soltará o ar de uma só vez, ou então morrerá. O mesmo acontece com a falta de ar: ocorre a asfixia.

A Terra leva 365 dias para contornar o Sol. O ano terrestre é um ciclo composto por quatro estações, pois existe uma inclinação no eixo da Terra, que vai do Polo Norte ao Polo Sul. Com isso, temos a primavera, o verão, o outono e o inverno, até que a primavera comece de novo.

Há também o ciclo lunar, que se renova a cada semana. Temos a lua nova, a lua crescente, a lua cheia e a lua minguante influenciando as marés e também os seres vivos. A alternância de dias e noites impõe hábitos à maioria dos animais: muitos dormem de noite e coletam alimentos durante o dia. Outros fazem o contrário.

Os ciclos continuam no comando

Durante milênios, as estações e as fases lunares influenciaram o comportamento dos seres humanos em suas diversas atividades, especialmente na agricultura. Então, a Humanidade começou a desafiar a natureza, criando técnicas para aumentar a produção de alimentos ao longo do ano, e não apenas em estações específicas.

Com a invenção da luz elétrica, as cidades se iluminaram de noite. Essa foi uma revolução silenciosa. As pessoas começaram a trabalhar de noite também. Gurus de autoajuda até recomendam que você, se quiser progredir, estude e trabalhe enquanto os outros estão dormindo, como se repousar fosse reprovável – mas não é. Repousar é tão importante quanto exercer um trabalho, quando feito de forma alternada e equilibrada.

A Humanidade criou ferramentas e técnicas para driblar os ciclos da natureza, mas se esqueceu de combinar com a natureza. Ou seja: os ciclos continuam acontecendo e, quando ignorados, cobram a conta, inevitavelmente.

A Humanidade também criou a economia e, na sua autossuficiência, desejou que a economia fosse uma atividade em contínuo crescimento. Mas a economia é uma atividade conduzida por humanos, e os humanos são regidos por ciclos biológicos. Logo, a economia também é regida por ciclos. Ciclos de alta e ciclos de baixa. Ciclos de expansão e ciclos de retração. Ciclos que não podem ser represados.

A renda variável é cíclica

Chegamos ao mercado financeiro e aos investimentos em renda variável. Já parou para pensar na razão para se usar o termo "renda variável"? Simples: é uma renda regida por ciclos. E os ciclos são implacáveis. Nem a renda fixa é fixa, pois os ciclos econômicos também atuam sobre ela.

> O pior erro de qualquer investidor é ter memória curta ou ignorar suas lembranças com relação aos ciclos anteriores da Bolsa. A Bolsa tem ciclos de alta e ciclos de baixa, mas muita gente que aporta recursos regularmente durante um ciclo de alta tende a acreditar que tal situação vai se prolongar indefinidamente, e que o cume da montanha está além das nuvens.

Algo semelhante acontece quando vem uma ribanceira abaixo: os desavisados se machucam seriamente nela e acreditam que a Bolsa nunca mais vai se recuperar, projetando que o fundo do vale é uma planície a perder de vista.

Patrimônio *versus* fluxo de caixa

É difícil mensurar qual é o pior momento para um novato ingressar na Bolsa, pensando apenas na alta de seu patrimônio, sem o foco no longo prazo e na geração de renda passiva.

Quando a Bolsa entra num ciclo de alta, após um ponto de aquecimento notório, a mídia começa a divulgar notícias positivas sobre o mercado financeiro, atraindo a atenção de muitos leigos. Ao realizarem os primeiros aportes, eles consultam o valor do patrimônio na corretora com frequência. Como as ações estão subindo e até as cotas de fundos imobiliários começam a se valorizar rapidamente, vem aquela euforia. O sujeito vende o carro novo e compra um modelo mais barato, para colocar a diferença na Bolsa. Tem aqueles que se desfazem de imóveis e aplicações de renda fixa para entrar de cabeça em ações de empresas que muitas vezes não ostentam os fundamentos necessários, mas valorizam mesmo assim.

Uma hora a situação se inverte. A Bolsa começa a cair. A euforia dá lugar ao desespero. As consultas ao *site* da corretora mostram que o patrimônio do pretenso investidor cai diariamente. Ele se descobre um especulador que não deu certo e começa a vender tudo com prejuízo. E promete ficar longe da Bolsa para sempre.

> Enquanto isso, quem conhece a lógica dos altos e baixos do mercado segue prosperando, comprando ativos dos desesperados e algumas vezes vendendo ativos para gente empolgada.

De algum modo, eles sabem que o patrimônio que vão construindo através mercado financeiro é como um pulmão: ora está inflando, ora está desinflando, mas o pulmão continua lá. A diferença é que no mercado de capitais o pulmão do investidor tem uma capacidade elástica: ele cresce estruturalmente ao longo dos anos, pois não há uma caixa torácica para limitá-lo.

A felicidade só é percebida quando alternada com momentos de tristeza

A vida depende dos ciclos pulmonares para manter o sangue oxigenado circulando por veias, irrigando músculos e órgãos. Já a prosperidade financeira depende dos ciclos do mercado para manter o fluxo de capital circulando entre os agentes da economia, irrigando a sociedade e as empresas.

Para um investidor de longo prazo, como é possível estabelecer um fluxo de caixa saudável? Seu foco deve ser comprar ativos geradores de renda passiva, por meio de dividendos de empresas e rendimentos de fundos imobiliários, por exemplo. Os proventos recebidos devem circular com sabedoria para comprar mais ativos geradores de renda passiva, realimentando o processo.

Do mesmo modo que não se pode represar ar nos pulmões para viver, não se pode guardar dinheiro em cofres para prosperar. O dinheiro precisa circular.

Represar ciclos é antinatural

Se a Bolsa ficar num ciclo de alta interminável, o que acontece? As ações das empresas ficam mais caras e entregam menos dividendos por ação. As cotas dos fundos imobiliários ficam mais caras e entregam menos rendimento por cota. Com menos proventos, é menor a capacidade de comprar mais ativos, cada vez mais caros. Uma hora o sistema trava.

Por isso, um ciclo de baixa na Bolsa é bem-vindo. Quando as ações e cotas ficam mais baratas, a capacidade de compra de ativos aumenta, por causa da renda potencialmente maior. Quem compra mais ativos geradores de renda passiva aumenta progressivamente o poder de realimentar o ciclo da prosperidade através dos juros compostos, a ponto de o excedente da renda passiva permitir a liberdade financeira ao investidor, sem que ele deixe de participar do mercado de capitais, comprando mais ativos.

Um ciclo de baixa, porém, não pode ser perene, pois o limite é o zero. Não existe mercado com ações cotadas abaixo de zero. Por mais longo que possa parecer um ciclo de baixa, ele sempre dará lugar a outro ciclo de alta, quando o investidor consciente tende a se aquietar a cada grau de aquecimento do mercado. Se um ciclo de alta não ocorrer após um de baixa, significa que o sistema financeiro entrou em colapso. E então não há o que fazer, salvo acender uma fogueira e afiar uma lança de bambu com pedra lascada.

Sempre aprendendo

Portanto, não existe investidor em Bolsa digno de tal denominação que não tenha passado por ao menos um ciclo de alta e um ciclo de baixa no mercado. Essa talvez seja a lição mais difícil de aprender na prática.

MEMORANDO # 28
Sobre o que ninguém pode ensinar

Quem resolve estudar para investir no mercado de capitais tem muito que aprender. "Aprender" será um verbo conjugado até o fim dos dias. Muito do conhecimento sobre a Bolsa pode ser aprendido por meio de livros, cursos e palestras – especialmente o conhecimento técnico.

Porém, tem algo que nenhum guru da TV ou autor famoso pode ensinar para um investidor novato: como se comportar diante dos altos e baixos do mercado financeiro. As pessoas podem falar sobre isso e dar incontáveis exemplos de como proceder, mas é preciso estar na pele do investidor para atravessar, na prática, os momentos de euforia e depressão.

Ou seja, existem professores teóricos de instrumentos musicais e existem músicos. Músicos são aqueles que praticam, tocando seus instrumentos diariamente. Portanto, investidores são apenas aqueles que investem.

Quando a Bolsa começa a cair, tem gente que sabe que não é hora de vender uma boa ação. Ao contrário: é hora de comprar. Porém, muitas dessas pessoas que não suportam ver o patrimônio cair vendem os ativos contra todas as orientações que recebem. É uma questão de comportamento, não de conhecimento técnico.

Por isso, há pessoas que passam vários anos estudando o mercado e não são bem-sucedidas, ao passo que alguns novatos assimilam a necessidade de manter o equilíbrio emocional já na primeira tormenta.

Quem sabe que o mercado vive ciclos alternados de marés altas e baixas terá mais condições de enxergar o todo como se fosse um observador na plateia de um teatro, vendo os atores a chorar ou a gargalhar no palco. A diferença é que o investidor observador também atua, mas sem chamar a atenção.

Dominar as emoções para reagir com sabedoria aos momentos imprevistos e instáveis do mercado financeiro: eis o que ninguém pode ensinar, mas que todo investidor deve aprender.

POSFÁCIO

Do canteiro de obras para o balcão da Bolsa

Por Jean Tosetto

Por muitos anos, trabalhar com projetos arquitetônicos e gerenciamento de obras foi minha principal fonte de renda, que concili com investimentos centrados no próprio mercado imobiliário, usando a renda fixa como apoio estratégico.

Consegui bons resultados cultivando, intuitivamente, a postura de longo prazo, sempre vivendo num padrão de vida abaixo do que minhas receitas podiam permitir. Uma das minhas poucas extravagâncias sempre foi comprar livros sobre vários assuntos.

O hábito da leitura me levou a desenvolver a escrita. A página na Internet para divulgar meu escritório, com fotos e textos sobre as obras, foi uma das pioneiras no setor, sendo atualizada com frequência desde 2000, quando a conexão se dava por linha telefônica discada. Era outro mundo.

Outro gosto que tive, desde jovem, foi por carros antigos. Em 2001 criei um *site* sobre o MP Lafer, um carro desenvolvido por outro arquiteto, o genial Percival Lafer. Passei uma década reunindo informações sobre esse modelo, compartilhando tudo pela rede.

Enquanto colhia bons resultados no ofício da arquitetura, aumentando o patrimônio da minha família paulatinamente, escrevia para dar vazão a uma ansiedade que sempre me perseguiu. Era uma terapia para acalmar uma mente curiosa.

Em 2012, tomei coragem para escrever o primeiro livro: *MP La-*

fer: a recriação de um ícone. Posso dizer que foi um capricho da minha parte, pois não tinha pretensão de ganhar dinheiro com isso, apenas provar que era capaz de levar adiante um projeto editorial.

Levei portas na cara. As editoras não deram atenção para a minha proposta. Então fundei a Editora Vivalendo, bancando a primeira edição com recursos próprios. Ficaria feliz se as vendas me fizessem recuperar o valor investido na gráfica e, para minha felicidade, consegui bem mais do que isso.

Apesar de as vendas dos exemplares serem promissoras, especialmente nos primeiros anos, elas nunca representaram um valor significativo nas minhas fontes de renda, mas resultaram no convite para escrever o segundo livro, *Arquiteto 1.0*, em parceria com o professor Ênio Padilha.

Foi um trabalho apresentado em 2015 pela Oitonovetrês Editora, que me deu aquele gostinho especial de ser, de fato, um escritor profissional.

Paralelamente, o ciclo da construção civil entrou em baixa, junto com uma das piores recessões da história republicana do Brasil. Minha renda começou a cair mês após mês e fui forçado a estudar alternativas para manter o padrão de vida, já comedido, da minha família. Na época não sabia, mas a crise estava abrindo portas para mim.

Deste modo, ingressei na renda variável, aportando nas primeiras ações, ainda seguindo aquele lema de "*comprar na baixa para vender na alta*".

Foi Marcelo Oliveira, padrinho de casamento, que abriu meus olhos para o *Value Investing*. Finalmente tinha me encontrado no mercado financeiro, aborrecido que estava com os altos e baixos das cotações.

Por coincidência, a Suno começou a publicar conteúdos no Facebook no final de 2016. Fui um dos primeiros seguidores da *fanpage* e mal sabia que um de meus comentários seria lido pelo Tiago Reis, o fundador dessa promissora empresa:

"Quando eu era garoto, meus heróis eram Homem Aranha e Batman. Depois descobri o Rock e passei a admirar Paul McCartney e Bob Dylan. Agora que descobri a necessidade de me precaver para o futuro, meus heróis são Warren Buffett e Luiz Barsi, depois que li seus relatórios entregues pela Suno Research. Vocês estão de parabéns!"

Em janeiro de 2017, Tiago me convidou para ir até o escritório do investidor Luiz Barsi Filho, no centro de São Paulo. Na época, a Suno estava publicando suas notórias cartas e tive a oportunidade de fazer algumas perguntas.

Como forma de agradecimento, presenteei ambos com um exemplar do meu primeiro livro, sem esperar que fossem ler sobre um assunto que aparentemente não tinha ligação com a Bolsa de Valores. Mas o Tiago leu o livro e voltou a falar comigo. Lembro-me bem do que ele disse ao telefone:

"Jean, não tenho e nem me interesso por carros, mas li seu livro sem parar. Você tem um jeito envolvente de escrever e a leitura fica fluida. Você não quer escrever artigos para a Suno? Eu te munício com as informações necessárias no começo e depois você desenvolve os temas."

Na ocasião, não fui taxativo. Propus que fizéssemos uma experiência, para ver se tinha condições de assumir um compromisso mais para frente.

Escrevi o primeiro artigo. Foi uma resenha do livro *Faça fortuna com ações, antes que seja tarde*, de Décio Bazin.

Vendo em perspectiva, posso afirmar que foi um dos textos mais importantes que já escrevi.

Felizmente, a resenha foi bem recebida e os comentários foram positivos. Os compartilhamentos espontâneos praticamente relançaram o livro, que estava com as vendas estagnadas nos anos anteriores. Recebi de Lúcia Mazzini, filha do autor, uma mensagem de agradecimento que guardo com satisfação.

Diante da boa acolhida, o Tiago ratificou o convite para que eu ingressasse no time da Suno. Como ninguém me conhecia na época, fui contratado como *ghost writer* – ou seja, escreveria sem assinar os artigos.

Entre os meus primeiros trabalhos, estavam outras resenhas de livros, como *O investidor inteligente*, *Os axiomas de Zurique* e *Pai rico, pai pobre*. Foi um período intenso de leituras, no qual aprendi muito. Aos poucos, fui escrevendo artigos sobre temas que eu mesmo propunha e, diante da boa recepção dos leitores, ganhei o direito de assinar os textos. Foi um momento de realização.

Em poucos meses, estava mergulhado no desafio de escrever, junto com Tiago Reis, o *Guia Suno Dividendos*. O restante da história é contado pelos títulos dos demais livros. Repeti a parceria com Tiago no *Guia Suno de Contabilidade para Investidores* e depois fui editor do *Guia Suno Fundos Imobiliários*, escrito por Marcos Baroni e Danilo Bastos.

Na sequência vieram *101 Perguntas e Respostas para Investidores Iniciantes*, de Tiago Reis e Felipe Tadewald; *101 Perguntas e Respostas Sobre Tributação em Renda Variável*, de Alice Porto – a Contadora da Bolsa; *Guia Suno Small Caps*, de Tiago Reis e Rodrigo Wainberg; e *Guia Suno Fundos de Investimentos*, de Gabriela Mosmann.

Os livros da Suno são lançados inicialmente em versões eletrônicas pela Amazon, mas a empresa tem um acordo com a Editora CL-A para o lançamento das versões impressas, como já ocorreu com os seis primeiros livros, sob os cuidados do editor Fabio Humberg, que, para nossa satisfação, é o mesmo profissional que cuida das edições do livro do Décio Bazin.

Hoje, minha carteira de investimentos está se equilibrando entre ativos do mercado imobiliário e ativos do mercado financeiro. Afinal de contas, são duas décadas trabalhando como arquiteto, contra apenas alguns anos como investidor na Bolsa de Valores – tempo suficiente, no entanto, para testemunhar que a estratégia de geração de renda passiva, através de fundos imobiliários e ações, é realmente eficaz.

O ingresso na Bolsa de São Paulo acelerou substancialmente minha jornada rumo à independência financeira. Revelo isso para que você saiba que não escrevo apenas da boca para fora.

No meu entendimento, um investidor não deve buscar apenas aumento de seu patrimônio monetário, mas também o crescimento pessoal durante este processo.

Embora nossa tônica seja investir no longo prazo, sabemos que a nossa passagem por aqui pode ser muito curta e que a brevidade da vida é uma condição inegociável, por isso temos que adorná-la com um pouco de arte, cultivando tradições e laços familiares, posto que não vivemos apenas para nós mesmos. Deste modo, combatemos o pior tipo de pobreza: a pobreza de espírito. Para vencer a pobreza monetária você estuda, trabalha, investe e empreende. Mas para a pobreza de espírito nem a Bolsa de Valores tem a solução.

Que a gente possa seguir aprendendo sempre, dia após dia, sem renegar origens e sem perder a nossa essência.

GLOSSÁRIO

Os principais termos e siglas adotados no vocabulário do mercado financeiro no Brasil

Ação ordinária (ON): ação que permite ao acionista participar das assembleias das empresas com capital aberto e votar nos temas propostos.

Ação preferencial (PN): ação sem direito a voto por parte do acionista, que, no entanto, tem a garantia de receber os dividendos estatutários ou outro benefício de acordo com a Lei das S/A ou com o estatuto da companhia.

Análise fundamentalista: forma de investir no mercado de ações que prioriza o retorno de longo prazo, proveniente dos lucros da atividade empresarial.

Análise gráfica: método para analisar o comportamento das ações no mercado tentando antecipar tendências por meio de movimentos identificados em gráficos que expressam a evolução das cotações.

Análise técnica: vide "Análise gráfica".

Ativos: todos os bens pertencentes a uma empresa, incluindo aplicações financeiras, imóveis, máquinas e equipamentos, veículos, participações em outras empresas e reservas de valor.

Balanço patrimonial: documento contábil que aponta tanto os bens como as dívidas de uma empresa, compreendidos como seus ativos e passivos.

BDR: sigla em inglês para *Brazilian Depositary Receipts*. São classes de valores mobiliários negociados no mercado brasileiro com lastros oriundos de ações estrangeiras. Investir em BDRs é uma forma de diversificar investimentos sem abrir contas em corretoras de outros países.

Blue-chips: expressão oriunda dos cassinos, onde as fichas azuis pos-

188

suem maior valor. Nas Bolsas equivalem às ações com maior volume de transações.

Bonificação: evento puramente contábil, no qual as empresas distribuem novas ações sem custo para os acionistas, conforme as quantidades de ações que eles já possuem. A cotação é ajustada na proporção inversa.

Capital: recurso financeiro expresso em moeda corrente. Empresas de capital aberto permitem que o público compre ações por meio do mercado de capitais. O capital de giro equivale ao dinheiro que a empresa coloca em movimento.

Circuit Breaker: mecanismo automatizado que interrompe os negócios nas Bolsas de Valores sempre que os índices de referência sobem ou descem abruptamente em níveis elevados (por exemplo, 10%).

Cotação: preço da ação determinado pelas forças do mercado.

Crash: situação de desvalorização geral e acentuada das ações, responsável pela quebra de vários agentes especuladores ou investidores.

Day Trade: operação especulativa de compra e venda de ativo listado na Bolsa, realizada na mesma data.

Debênture: título emitido por empresas para captar recursos no mercado de capitais, com prazos e créditos determinados, sem que seus detentores se configurem como sócios delas.

Desdobramento: vide "Bonificação".

Dívida Bruta/Patrimônio Líquido: indicador fundamentalista que expressa o grau de alavancagem (endividamento) de uma empresa.

Dividendo: parte dos lucros auferidos pelas empresas que será repartida com seus acionistas proporcionalmente à quantidade de ações que possuem.

Dividend Yield: indicador fundamentalista que representa em porcentagem a remuneração da ação dividida pela sua cotação, no prazo de 365 dias anteriores à cotação da ação. Por exemplo: no último ano a empresa distribuiu, entre dividendos e JCP, R$ 0,10 por ação. Se a ação está cotada em R$ 1,00, o *Dividend Yield* equivale a 10%.

DRE: sigla para Demonstração do Resultado do Exercício, documento que informa, em relação a determinado período, se uma companhia obteve lucro ou prejuízo.

EBITDA: sigla em inglês para *Earnings Before Interests, Taxes, Depreciation and Amortizations*, que, na sua tradução literal, significa Lucro Antes dos Juros, Impostos, Depreciação e Amortização. Tal indicador fundamentalista também pode ser chamado de LAJIDA.

ETF: sigla para *Exchange Traded Funds*, que em português soaria como FNB ou Fundos Negociados em Bolsa. Tais fundos relacionados aos índices, como o Ibovespa, são negociados como ações.

FIIs: sigla para Fundos de Investimento Imobiliário.

Fluxo de caixa: valor financeiro líquido de capital e seus equivalentes monetários que são transacionados – entrada e saída – por um negócio em um determinado período de tempo.

Futuro: tipo de negociação com prazos e condições pré-determinados, visando à garantia de preços mínimos e protegidos da volatilidade do mercado.

Hedge: operação financeira que busca a mitigação de riscos relacionados com as variações excessivas de preços dos ativos disponíveis no mercado.

JCP (JSCP): sigla para Juros Sobre Capital Próprio – uma forma alternativa aos dividendos para as empresas remunerarem seus acionistas, com retenção de impostos na fonte, reduzindo a carga tributária das empresas de forma legal.

Joint-venture: aliança entre empresas com vistas a empreendimentos ou projetos específicos de grande porte.

Liquidez corrente: indicador fundamentalista que expressa a relação entre o ativo circulante e o passivo circulante, demonstrando a capacidade da empresa em honrar compromissos no curto prazo.

Lote: no mercado financeiro brasileiro, o lote equivale a 100 ações como quantidade mínima ideal para compra e venda na Bolsa. Quando um lote é quebrado, as ações são negociadas no mercado fracionário, caso em que algumas corretoras de valores cobram taxas diferenciadas.

LPA: indicador fundamentalista que expressa o Lucro Por Ação.

Margem bruta: indicador fundamentalista que expressa o lucro bruto dividido pela receita líquida.

Margem líquida: indicador fundamentalista que expressa a relação entre o lucro líquido e a receita líquida.

Minoritários: investidores que adquirem ações em quantidades relativamente baixas, que impedem a sua participação na gestão das empresas.

Opção (OPC ou OTC): tipo de negociação que garante direito futuro de opção de compra ou de venda com preço pré-determinado.

Ordem: determinação de compra ou venda de ativo no mercado de capitais, que o aplicador comunica à sua corretora de valores para execução.

Papel: equivalente a ação (termo que fazia mais sentido quando as ações eram impressas e entregues ao portador).

Passivos: componentes contábeis das empresas, que representam seus compromissos, obrigações, dívidas e despesas circulantes e não circulantes, como salários de funcionários, empréstimos, tributos, dívidas com fornecedores.

P/Ativos: indicador fundamentalista que expressa a relação entre o Preço da ação e os Ativos totais por ação.

Patrimônio líquido: valor financeiro resultante da diferença entre os ativos e os passivos de uma empresa.

P/Capital de Giro: indicador fundamentalista que expressa a relação entre o Preço da ação e o Capital de Giro por ação, que por sua vez significa a diferença entre o ativo circulante e o passivo circulante da empresa.

PL (P/L): indicador fundamentalista para a relação entre Preço e Lucro, representando a cotação da ação no mercado dividida pelo seu lucro por ação.

Posição: situação do acionista em determinada empresa, fundo imobiliário ou ativo correlato. Quando um investidor zera a sua posição numa empresa ou num fundo imobiliário, por exemplo, significa que ele vendeu todas as suas ações ou cotas.

Pregão: período de negociações na Bolsa de Valores com negócios realizados eletronicamente. Antigamente, os pregões eram presenciais.

PSR: indicador fundamentalista cuja sigla em inglês indica *Price Sales Ratio* e equivale ao preço da ação dividido pela receita líquida por ação.

P/VP: indicador fundamentalista que expressa a relação entre o Preço da ação e o Valor Patrimonial da ação.

Realizar lucros: vender ações para converter as valorizações em capital disponível para outros fins.

Resistência: valor historicamente mais alto atingido pela cotação de determinada ação.

ROE: sigla em inglês para *Return On Equity*. Também é conhecido no Brasil como RPL, ou seja, Retorno sobre o Patrimônio Líquido. Essa métrica indica o quanto uma empresa é rentável, mostrando o lucro líquido dividido pelo seu patrimônio líquido.

ROIC: sigla em inglês para *Return On Invested Capital*, que em português significa Retorno Sobre o Capital Investido, ou seja, o capital próprio da empresa somado ao capital de terceiros.

SA (S/A): sigla para Sociedade Anônima, comum nas razões sociais das empresas de capital aberto.

Small Caps: empresas de porte menor se comparadas com as *Blue Chips*, com baixo volume diário de negociações e pouca liquidez no mercado.

Stop Loss: ordem de venda automatizada de uma ação, pré-determinada pelo aplicador junto à corretora de valores, para evitar perdas com quedas excessivas das cotações.

Stop Gain: ordem de venda automatizada de uma ação, pré-determinada pelo aplicador junto à corretora de valores, para realizar lucros.

Subscrição: situação que ocorre quando as empresas oferecem novas ações preferencialmente para seus acionistas. O mesmo se aplica aos fundos imobiliários em relação aos seus cotistas.

Swing Trade: operação especulativa de compra e venda de ativo listado na Bolsa, realizada em prazos curtos, que variam de três dias até algumas semanas.

Tag Along: mecanismo de proteção concedido aos acionistas minoritários por um empreendimento que possui suas ações negociadas na Bolsa de Valores, caso ocorra um processo de venda do controle para terceiros, por parte dos acionistas majoritários.

Termo: tipo de negócio realizado com pagamento a prazo.

Ticker: código pelo qual os ativos são negociados em Bolsas de Valores. Por exemplo, TIET3 é o código da ação ordinária da Geradora Tietê. TIET4 é o código da ação preferencial da mesma empresa e TIET11 é o código das suas *Units*. Já o BDR do Google usa o código GOOG35.

Underwrite: ato do investidor de subscrever ações ofertadas pelas empresas.

Units: ativos compostos por mais de uma classe de valores mobiliários, como, por exemplo, um conjunto de ações ordinárias e preferenciais.

Valuation: conjunto de ponderações técnicas e subjetivas para avaliar uma empresa ou fundo imobiliário, visando encontrar o valor justo de suas ações ou cotas, bem como seu potencial de retorno para investidores.

VPA: indicador fundamentalista que expressa o Valor Patrimonial por Ação, ou seja: o valor do patrimônio líquido dividido pelo número total de ações.

Envie seus comentários construtivos:
contato@sunoresearch.com.br

Escreva para o autor:
jean@tosetto.net

Outros títulos disponíveis em versão impressa:
– Guia Suno Dividendos
– Guia Suno de Contabilidade para Investidores
– Guia Suno Fundos Imobiliários
– 101 Perguntas e Respostas para Investidores Iniciantes
– Guia Suno *Small Caps*
– Guia Suno Fundos de Investimentos

Projeto editorial: Suno Research / Jean Tosetto
Coordenação: Alexandre Costa e Silva
Gerência de projeto: Leonardo Dirickson
Colaboração: Gian Kojikovski
Editor: Fabio Humberg
Capa: Alejandro Uribe, sobre ideia original de Jean Tosetto e Bruno Perrone
Imagem da capa extraída da obra "A luz da colheita" (2018), de Adagenir Oliveira
Diagramação: Alejandro Uribe
Revisão: Humberto Grenes / Cristina Bragato

Dados Internacionais de Catalogação na Publicação (CIP)
(Câmara Brasileira do Livro, SP, Brasil)

Tosetto, Jean
    Cultivando rendimentos : reflexões para buscar a independência financeira a longo prazo / Jean Tosetto. -- 1. ed. -- São Paulo : Editora CL-A Cultural, 2021.

    ISBN 978-65-87953-19-9

    1. Ações (Finanças) 2. Bolsa de valores - Investimentos 3. Economia 4. Finanças - Administração 5. Fundos de investimentos I. Título.

21-62388   CDD-332.02401

Índices para catálogo sistemático:

1. Independência financeira : Finanças pessoais : Economia 332.02401

(Maria Alice Ferreira - Bibliotecária - CRB-8/7964)

Editora CL-A Cultural Ltda.
Tel.: (11) 3766-9015 | Whatsapp: (11) 96922-1083
editoracla@editoracla.com.br | www.editoracla.com.br
linkedin.com/company/editora-cl-a/